AF365568

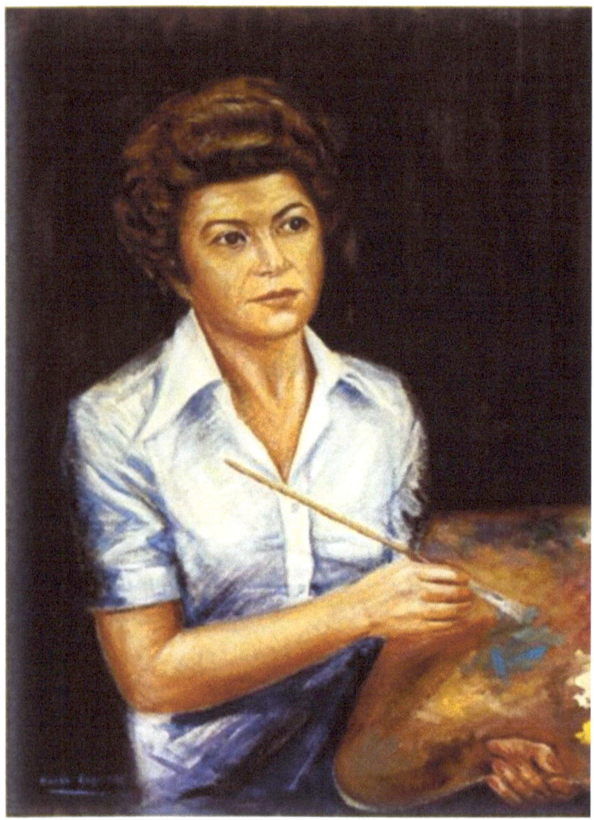

Autoritratto giovanile, 1978, olio su tela, cm 60x80
collezione dell'Autore - Author's collection

PITTRICE NANDA RAGO
www.nandarago.it
nandarago@libero.it
Facebook https://www.facebook.com/nanda.rago

In copertina - on cover: Indecisione, 1984, olio su tela, cm 70x70
Opera esposta dal 2/5/2015 al 31/10/2015 nella Centrale Idroelettrica "Taccani" di Trezzo sull' Adda (MI) socio Expo 2015. Si trova nel Museo Civico di Arte Moderna di Palazzo Giandalia, Comune di Castronovo di Sicilia (PA).
This work was exposed from May 2nd 2015 to October 31st 2015 in the hydroelectric power plant "Taccani" in Trezzo sull'Adda town near Milan. Now the work is at the Civic Museum of Modern Art in Giandalia Palace at Castronovo di Sicilia a town near Palermo.

Nanda Rago's painting is intrigued by verism as a faithful description of the subject's feeling at the time it is represented. It does not matter whether it is animal or human. They are important feelings to share with a look, a posture of a gesture or a move that we find then on the canvas. At the heart of everything there is a desire of Mrs. Rago to communicate humanity to humanity, taken in its most varied facets and nationalities; painting takes on the value of man's celebratory rite towards man and exaltation of the universality of sensations and of human life irrespective of nationality and age.

La pittura di Nanda Rago è intrisa di verismo inteso come descrizione fedele del sentimento del soggetto nel momento in cui esso viene rappresentato. Non importa che sia animale o essere umano. Importa che abbia sensazioni da condividere per mezzo di uno sguardo, di una postura di un gesto o di una mossa che ritroviamo poi sulla tela. Alla base di tutto c'è un desiderio della Rago di comunicare l'umanità all'umanità, colta nelle sue più variegate sfaccettature e nazionalità; la pittura assume il valore di rito celebrativo dell'uomo verso l'uomo e un'esaltazione dell'universalità delle sensazioni e della vita umana a prescindere dalla nazionalità e dall'età.

Dino Marasà

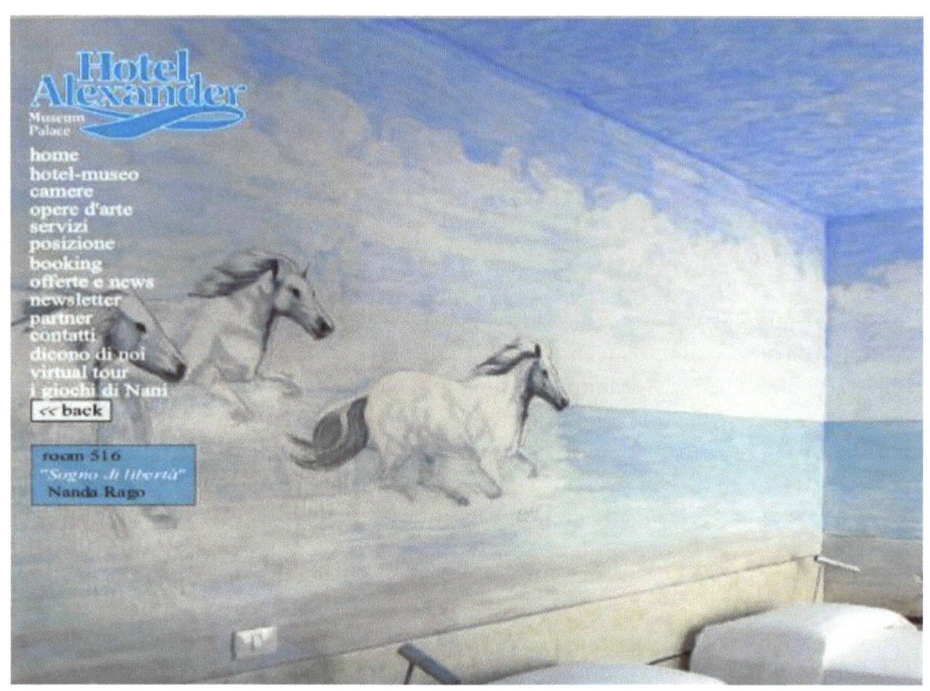

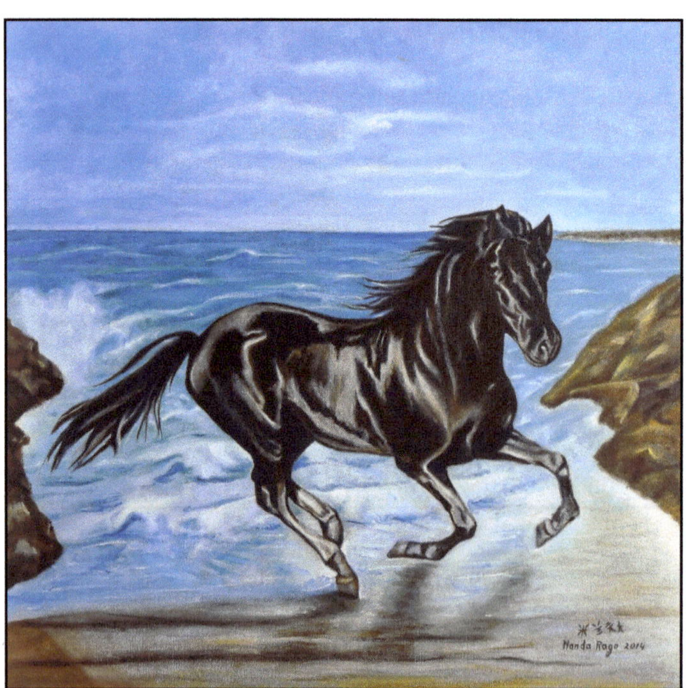

Galoppo, olio su tela, cm 90x90

Collezione dell'Alexander Museum Palace Hotel di Pesaro del Conte Alessandro Marcucci Pinoli di Valfesina, dove Nanda Rago ha dipinto la Stanza dei cavalli dal titolo "Sogno di libertà".

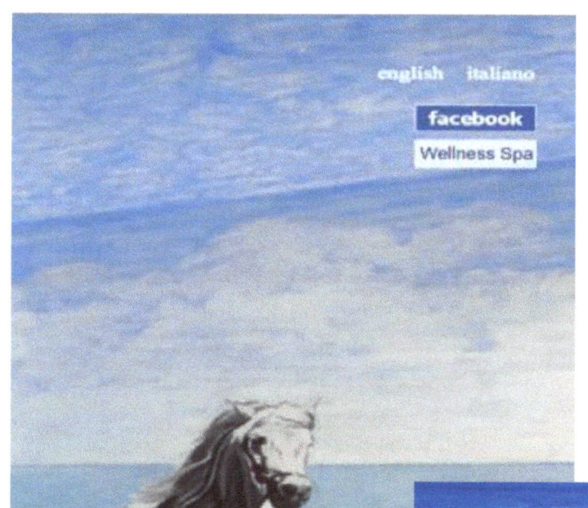

Alexander Museum
Palace Hotel
Pesaro (Italy)

Sogno di libertà, stanza dell'Alexander Museum Palace Hotel dipinta da Nanda Rago. (nella foto)

Sogno di libertà. Painted room by Nanda Rago (in the picture) at the Alexander Museum Palace Hotel of Count Alessandro Marcucci Pinoli where we can found a painting collection where is also the work Galoppo.

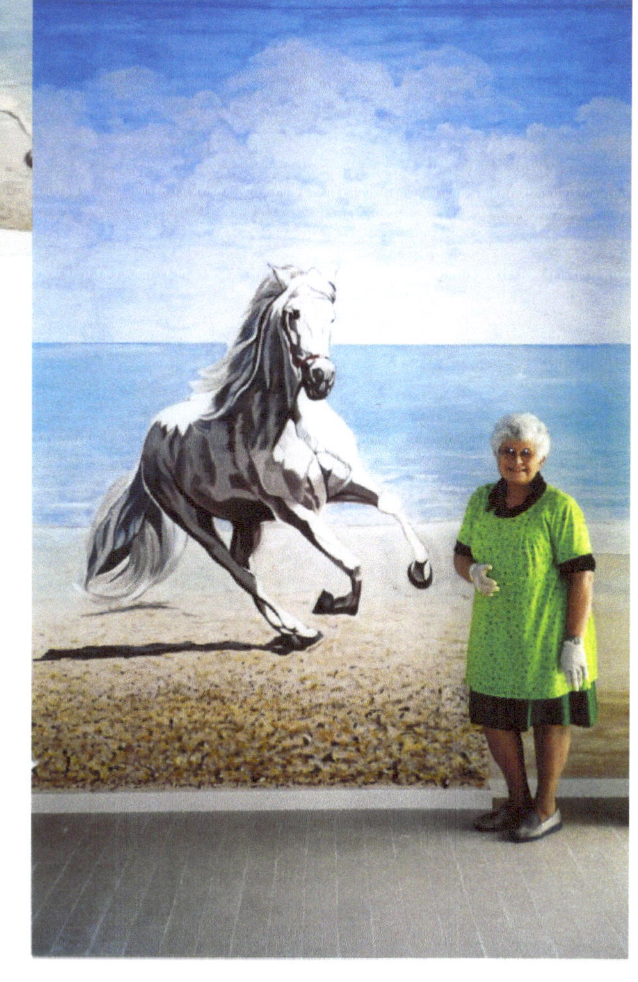

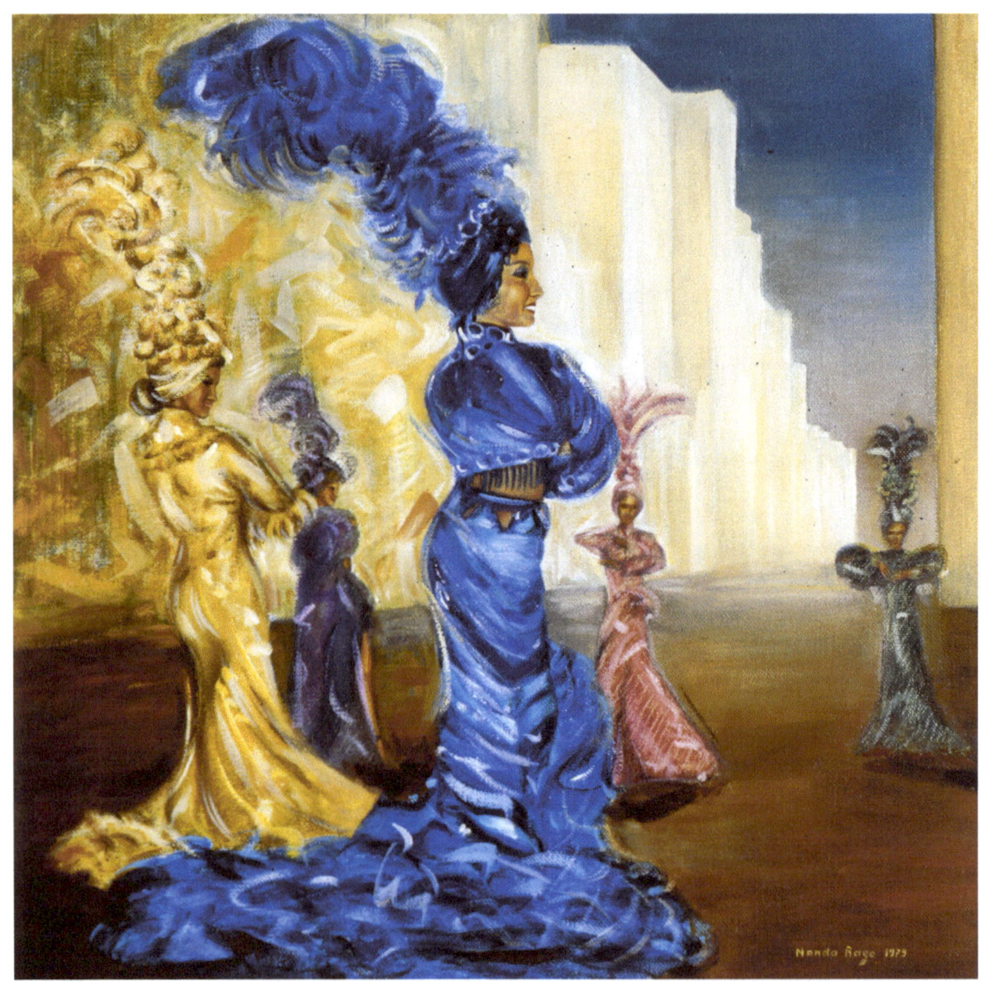

Ballerine brasiliane, olio su tela, cm 70x70 - collezione privata - private collection

Le sue opere, i suoi ritratti, i paesaggi sono sereni, dipinti con bravura ma anche con gioia, e gioia in questo caso significa poesia, sensibilità, partecipazione. Nanda Rago riesce continuamente ad ottenere grandi effetti di luminosità e di suggestiva resa cromatica, riconduce l'immagine alla sua entità essenziale, concentrando tutta la sua attenzione sul lato emotivo e interiore del personaggio preso in esame.

Anna Grossi

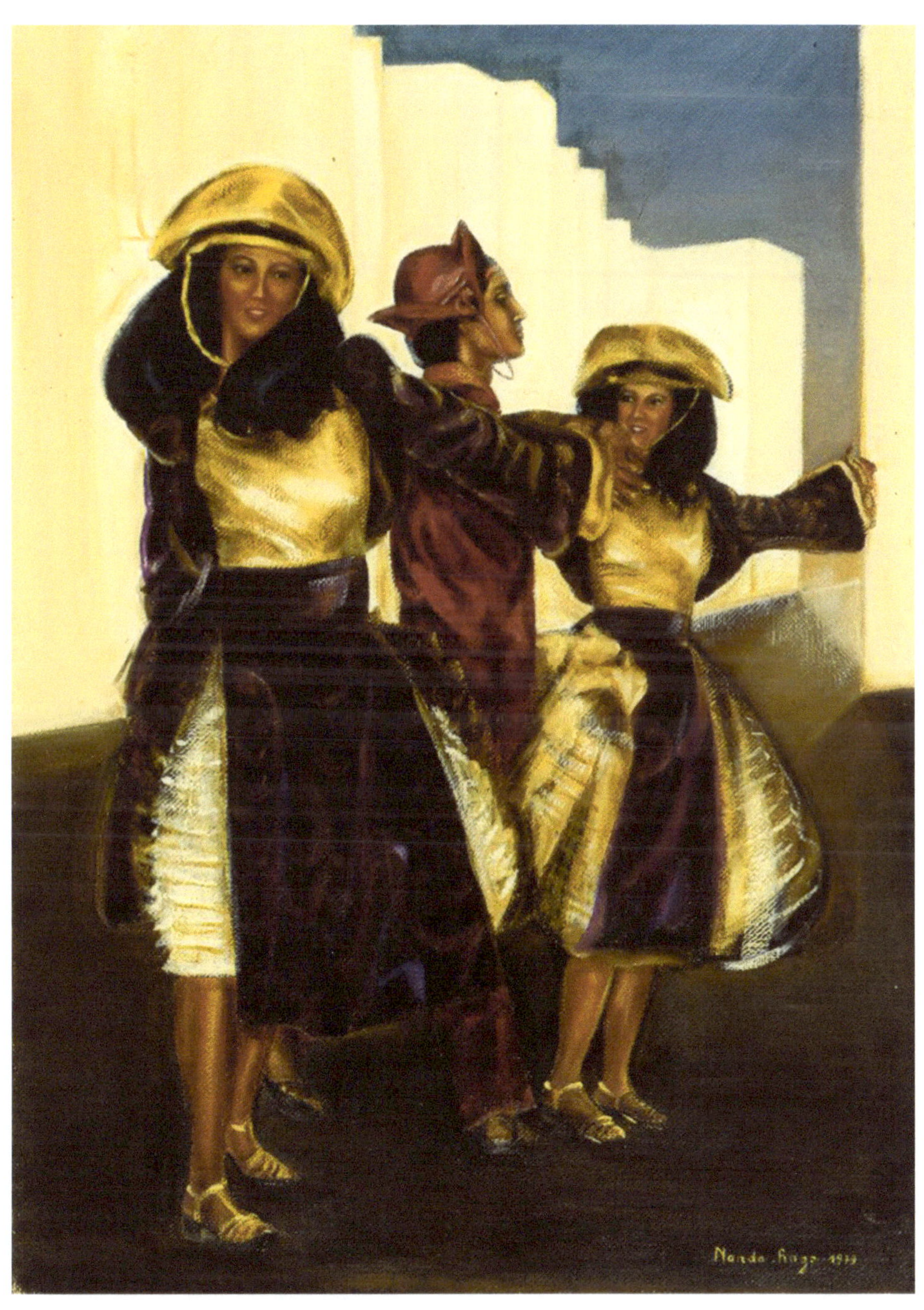

Indifferenza di ballerino, olio su tela, cm 60x80 - collezione privata - private collection

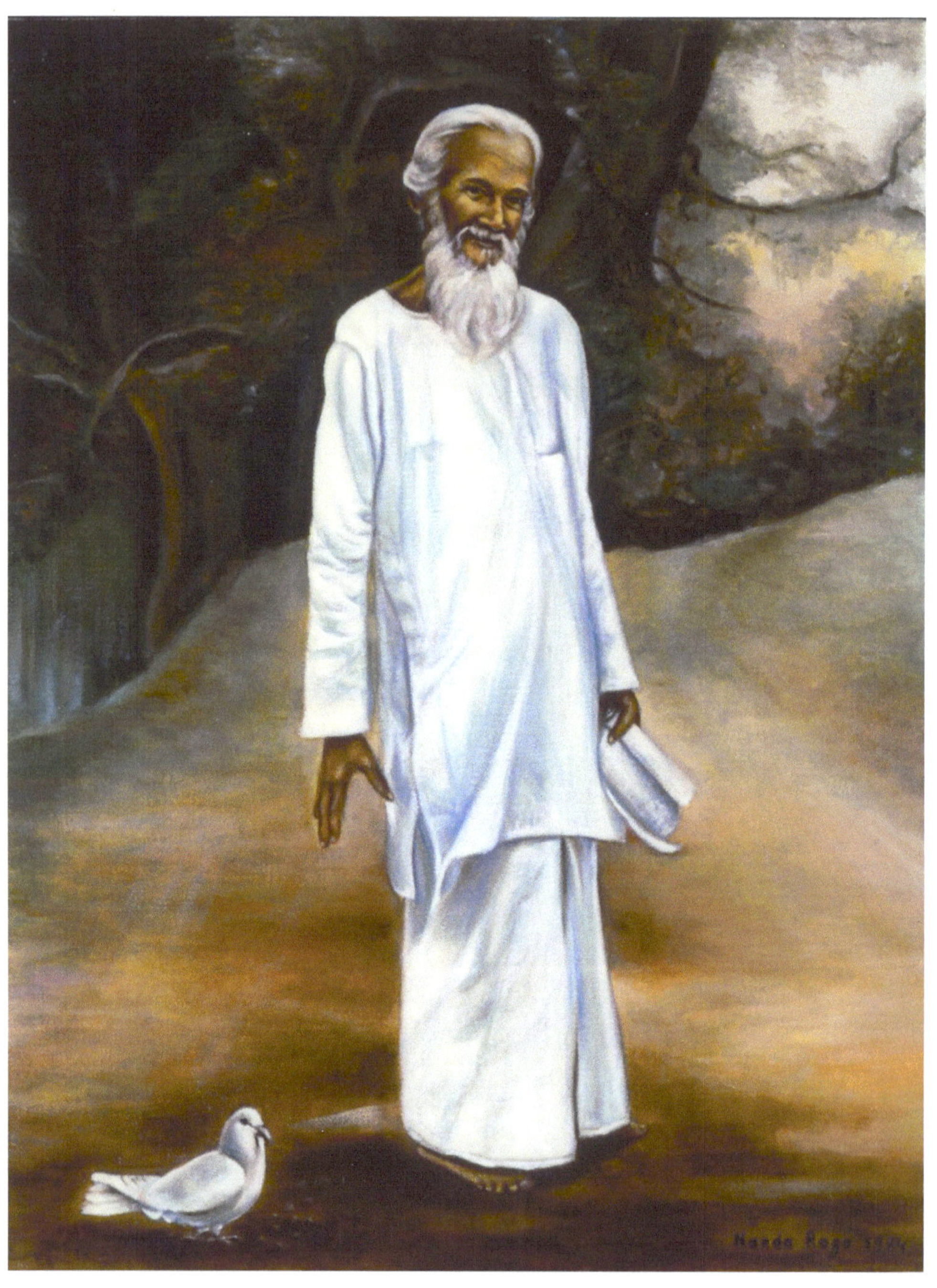

Santone di Ceylon, 1984, olio su tela, cm 60x80 - collezione privata - private collection

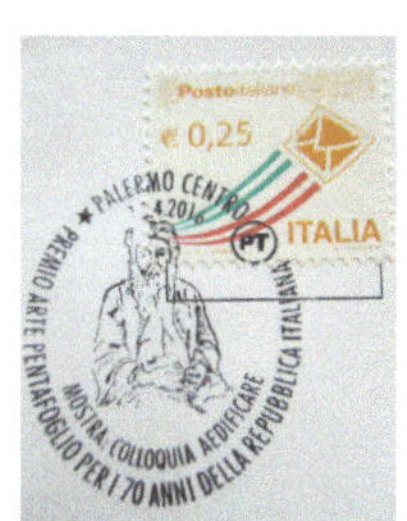

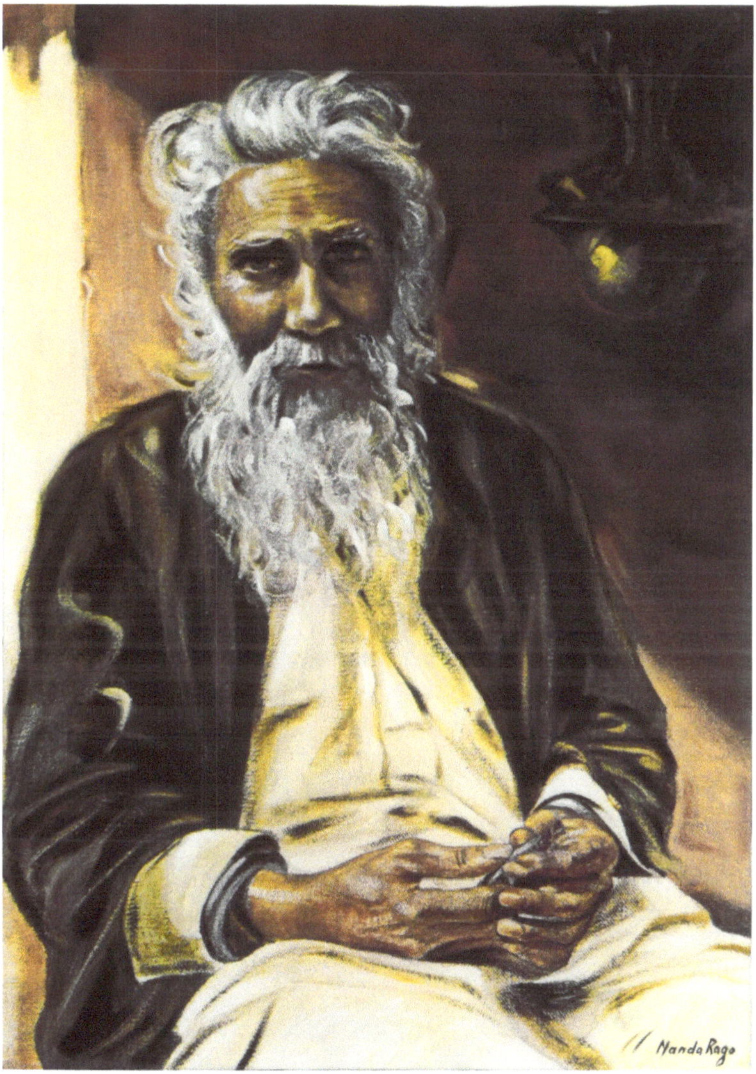

Santone indiano, 1976, olio su tela, cm 50x70 - collezione privata - private collection
Dal dipinto Poste Italiane ha realizzato Annullo Speciale Filatelico per i 70 anni della Repubblica, custodito nella Collezione Storico Postale esposta presso il Museo dello Sviluppo Economico. Realizzata anche la Cartolina, che riproduce il dipinto.
From this paintning the Italian post realized a special stamp for the 70 years of the Italian Republic. This stamp is guarded in the Historical Postal Collection at the Museum for the Economic Developement. It was also realized the postcard reproducing the painting.

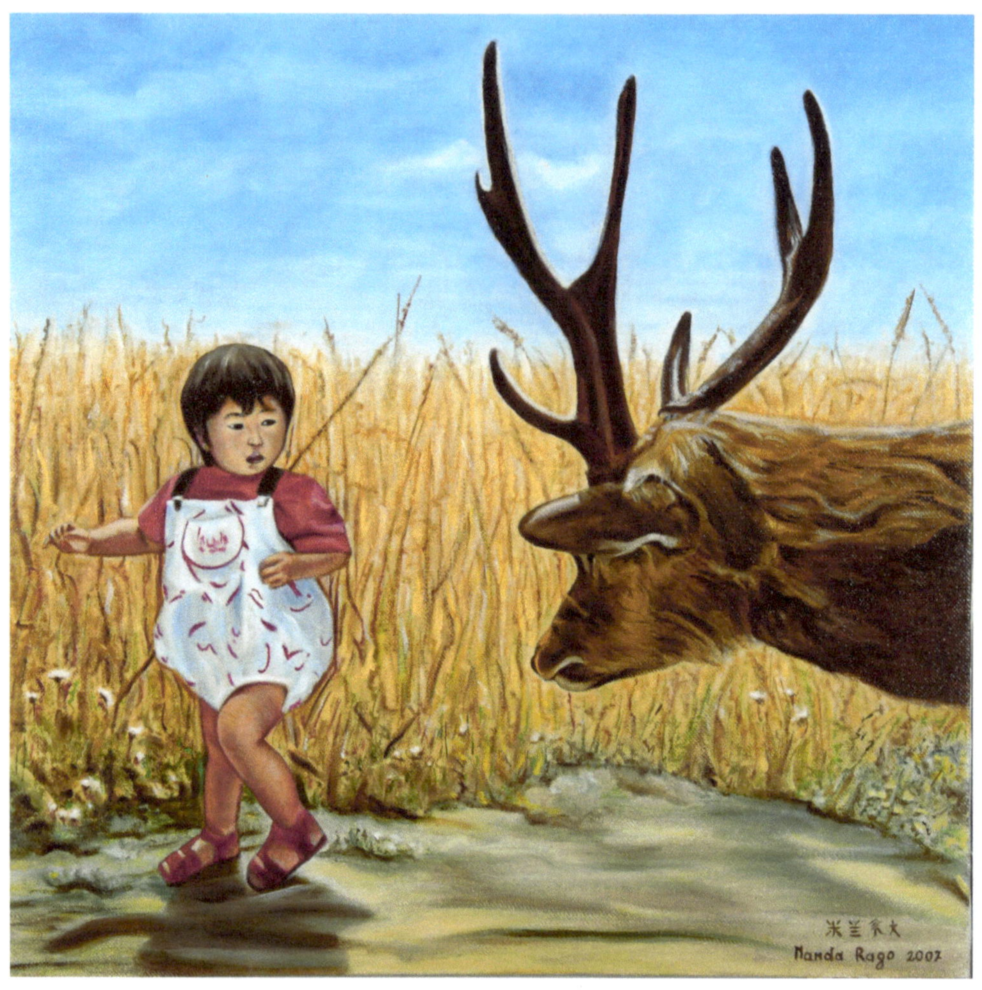

Incontro inatteso, 2007, olio su tela, cm 70x70 - collezione privata - private collection

"L' abile ed esperta mano dell'Artista Nanda Rago,unita ad un felice senso dello spazio e dell'inquadratura, rende le tele luoghi di eventi accaduti o che stanno per accadere, spazi ideali dove la drammaturgia del quotidiano,pur se lontano, appare nella sua bruciante verità. Una sorta di alchimia della pittura e del colore invita a procedere altrove, oltre i limiti del quadro, evocando visioni che si diramano ed espandono per poi aggrapparsi all'humus della vita."

Angela Aquilini

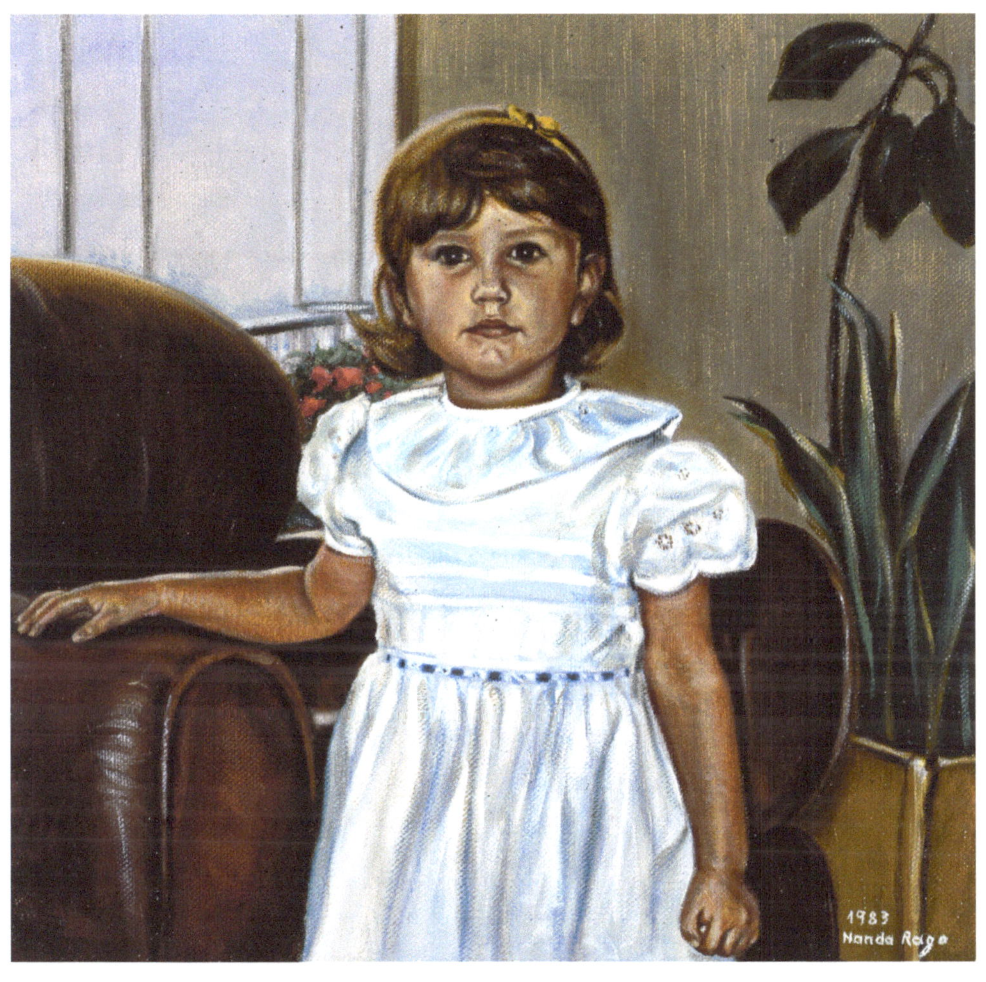

Ritratto di Laura, olio su tela, cm 70x70 - collezione privata - private collection

L' artista attraverso un linguaggio piano e figurativo,conferma col suo estro e col suo vivace talento espressivo, una padronanza del mezzo ed una fertilità inventiva molto preziosa. Ogni sua figura è un personaggio,con un anima,un'interiorità,un cuore palpitante ed un vitalismo umanissimo. È giusto collocarla tra i grandi figurativi del nostro tempo.

Conte Daniele Radini Tedeschi
(Manent Libro d'oro dell'Arte Contemporanea)

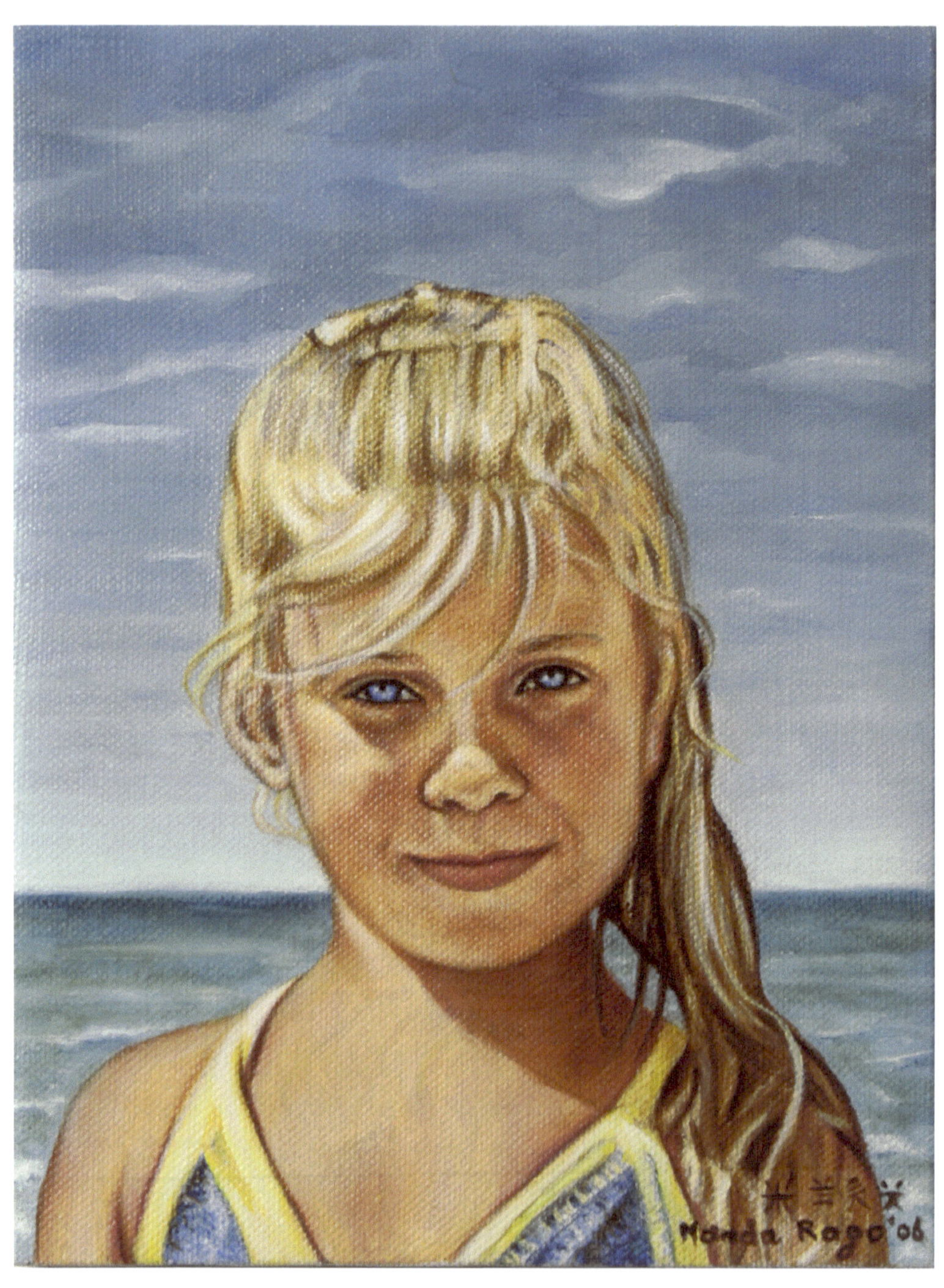

Ritratto di Sara, 2006, olio su tela, cm 30x40 - collezione privata - private collection

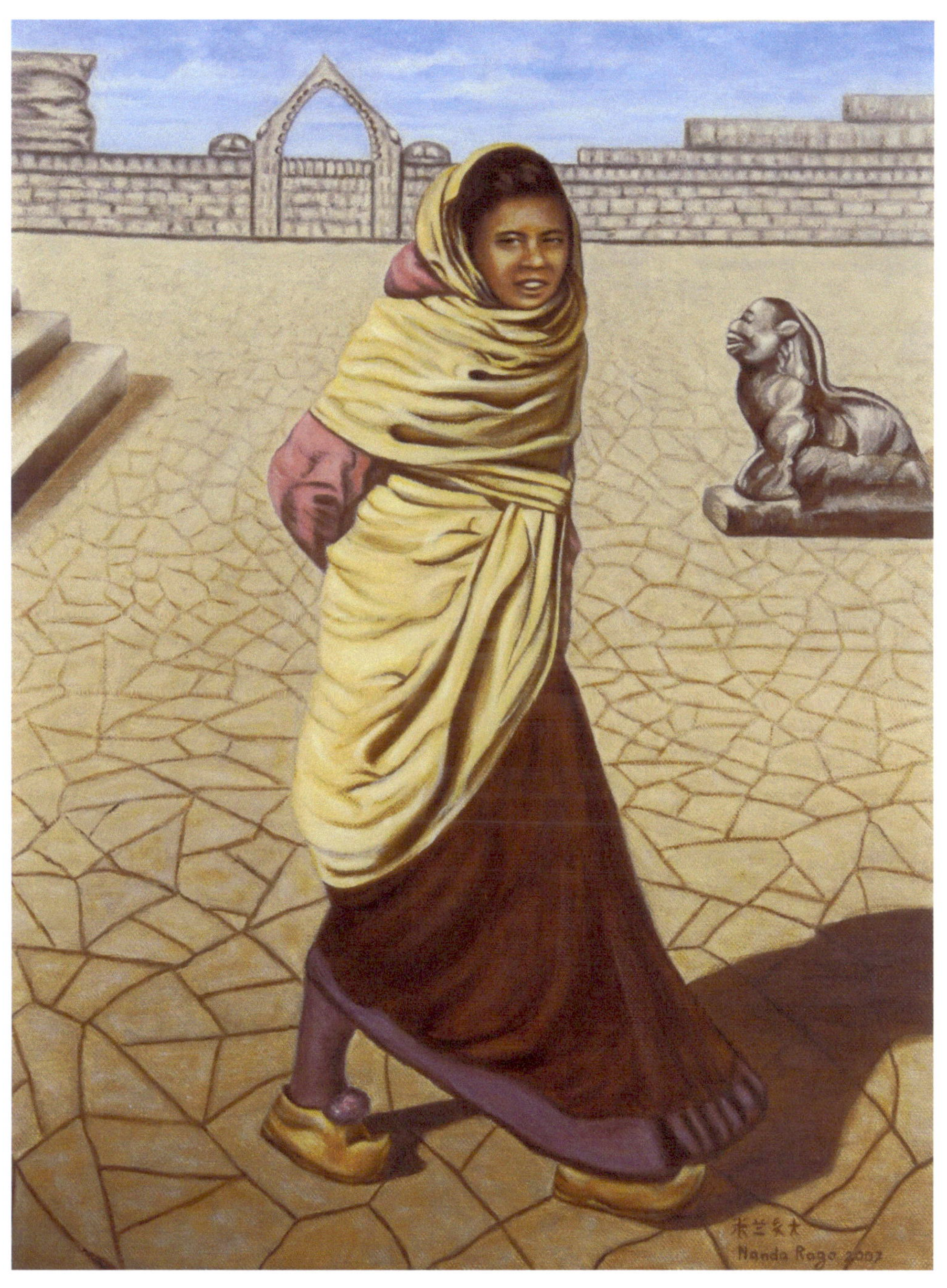

Passeggiata solitaria, 2007, olio su tela, cm 60x80 - disponibile - avaliable

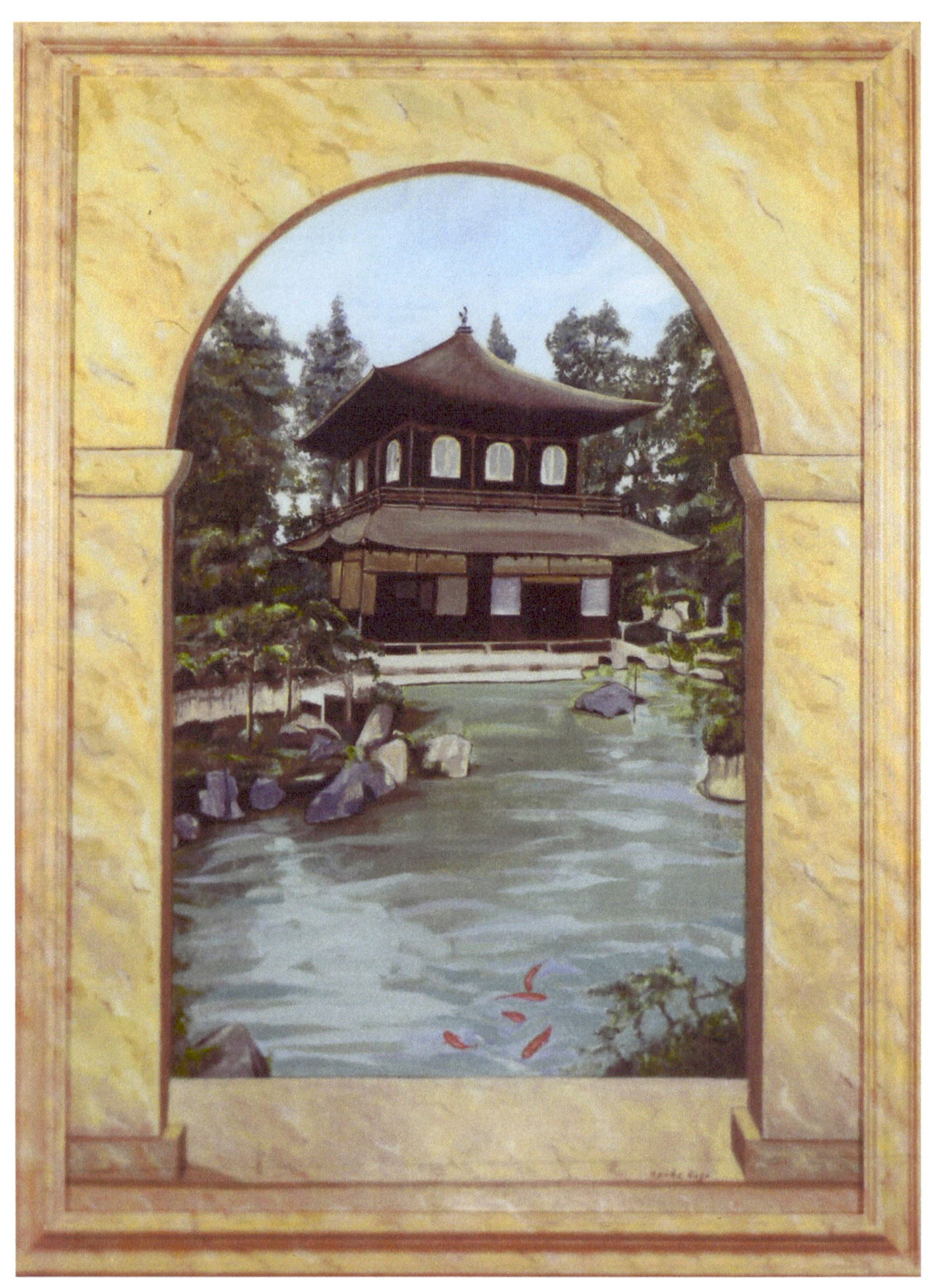

Tempio giapponese, tromp l'oeil acrilico su tavola cm 50x70 - disponibile - avaliable

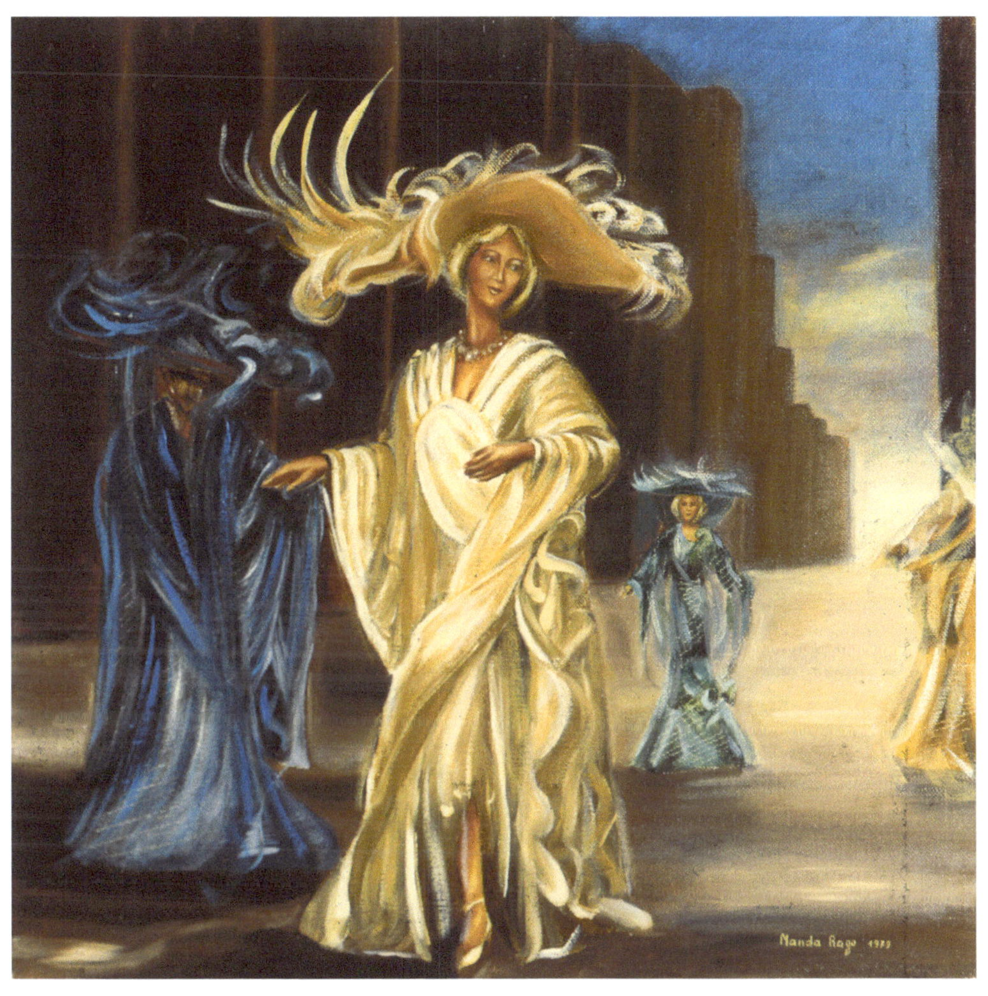

Evanescenze, olio su tela, cm 70x70 - collezione privata - private collection

La sua pittura è certamente moderna per la trasfigurazione operata nel passaggio dalla re-altà-modello alla tela:una notevole carica di sensibilità,un processo di catarsi cronologica nel figurativo...

Lia Ciatto

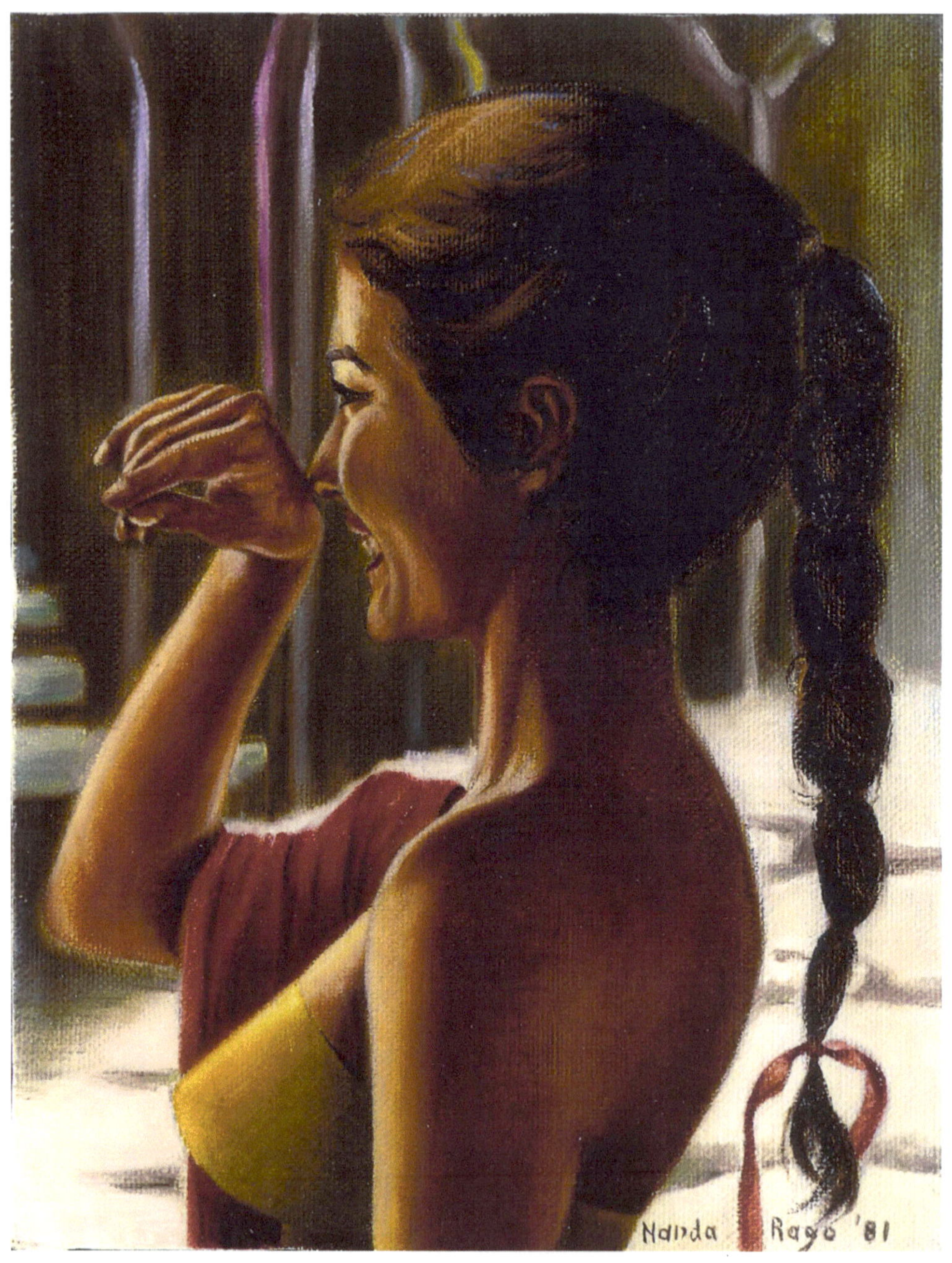

Ragazza, 1981, olio su tela, cm 30x40 - collezione privata - private collection

14

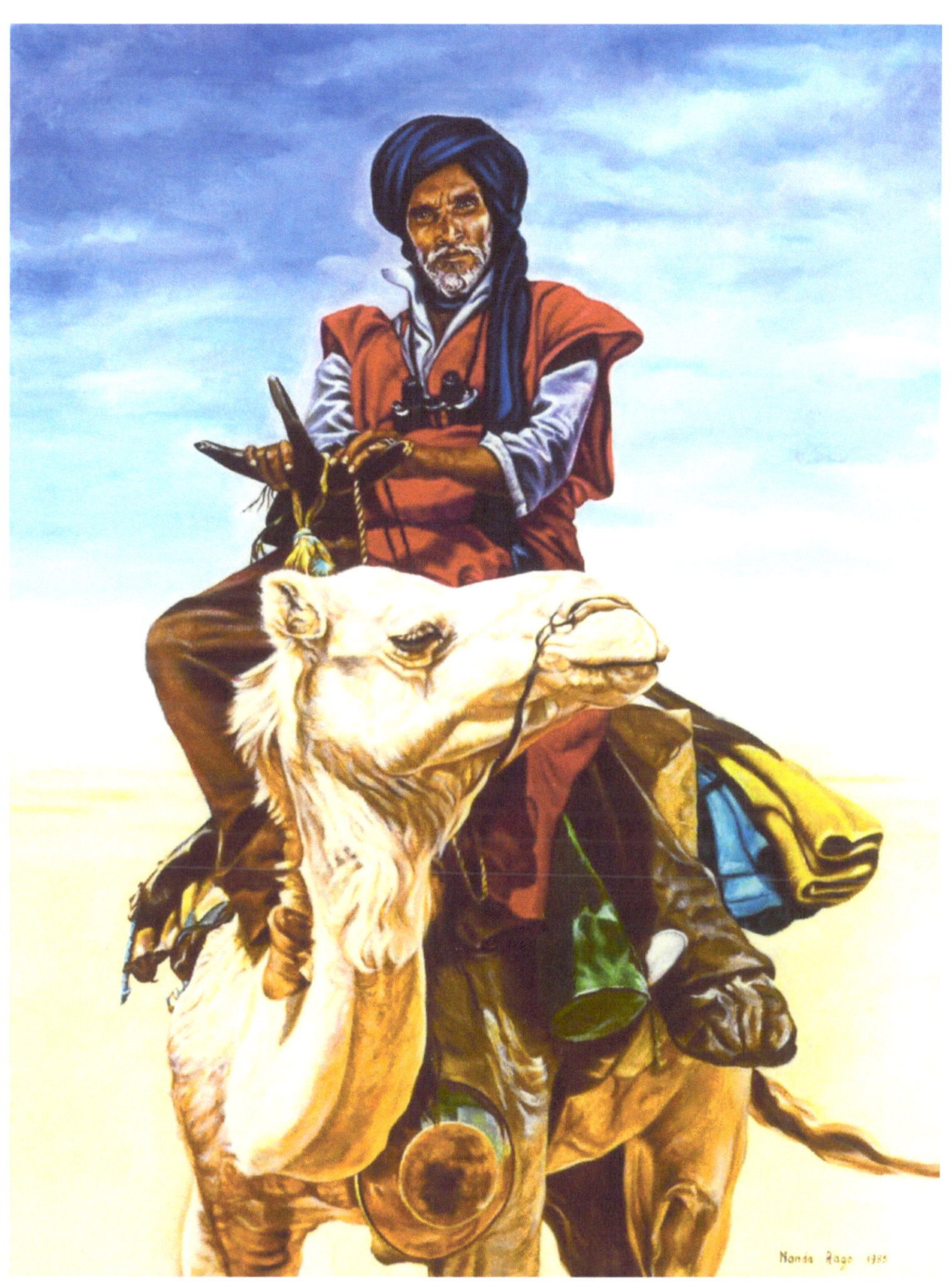

Beduino, 1985, olio su tela cm 60x80 - collezione privata - private collection

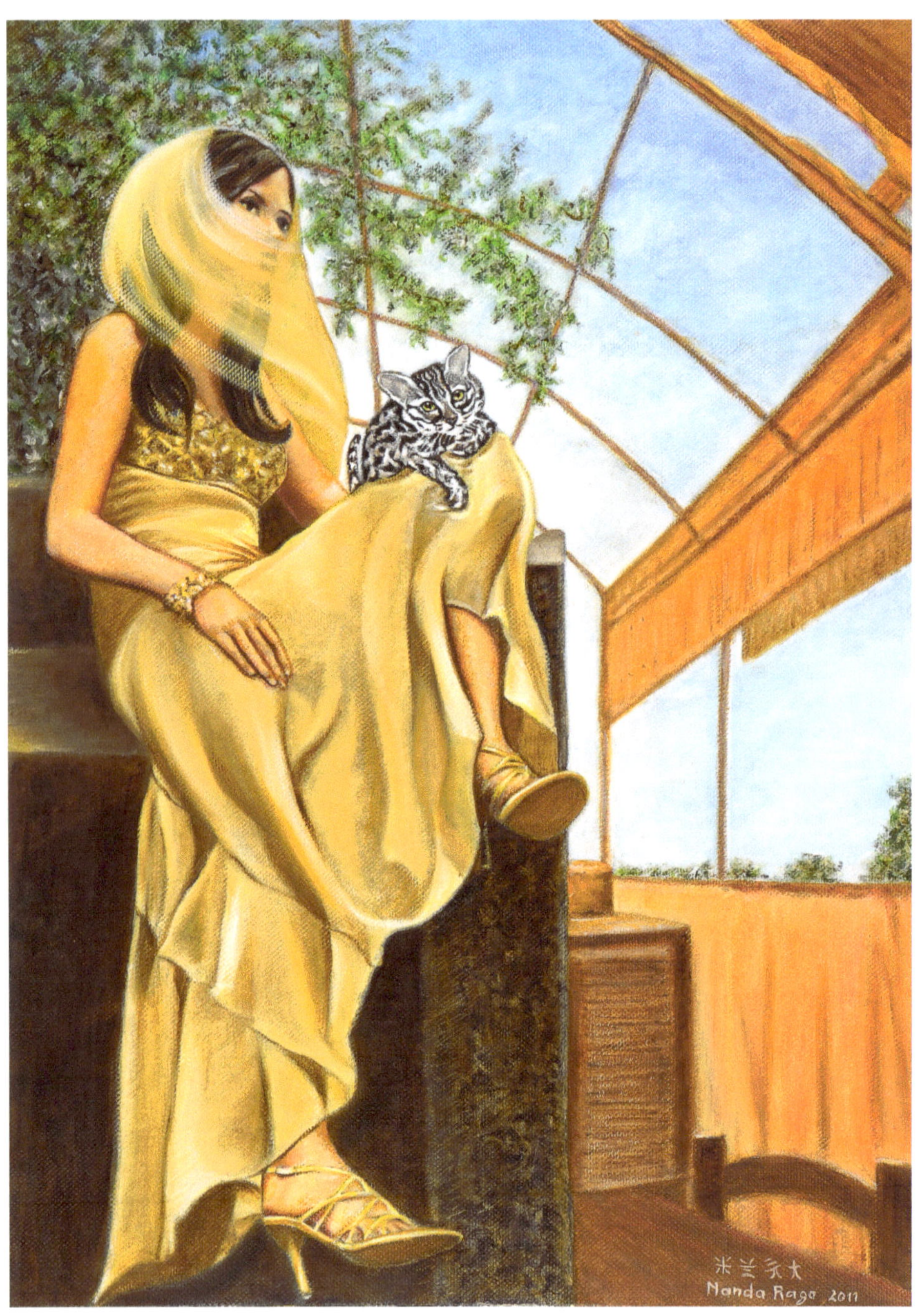

La modella e la gatta, 2009, olio su tela, cm 50x70 - disponibile - avaliable

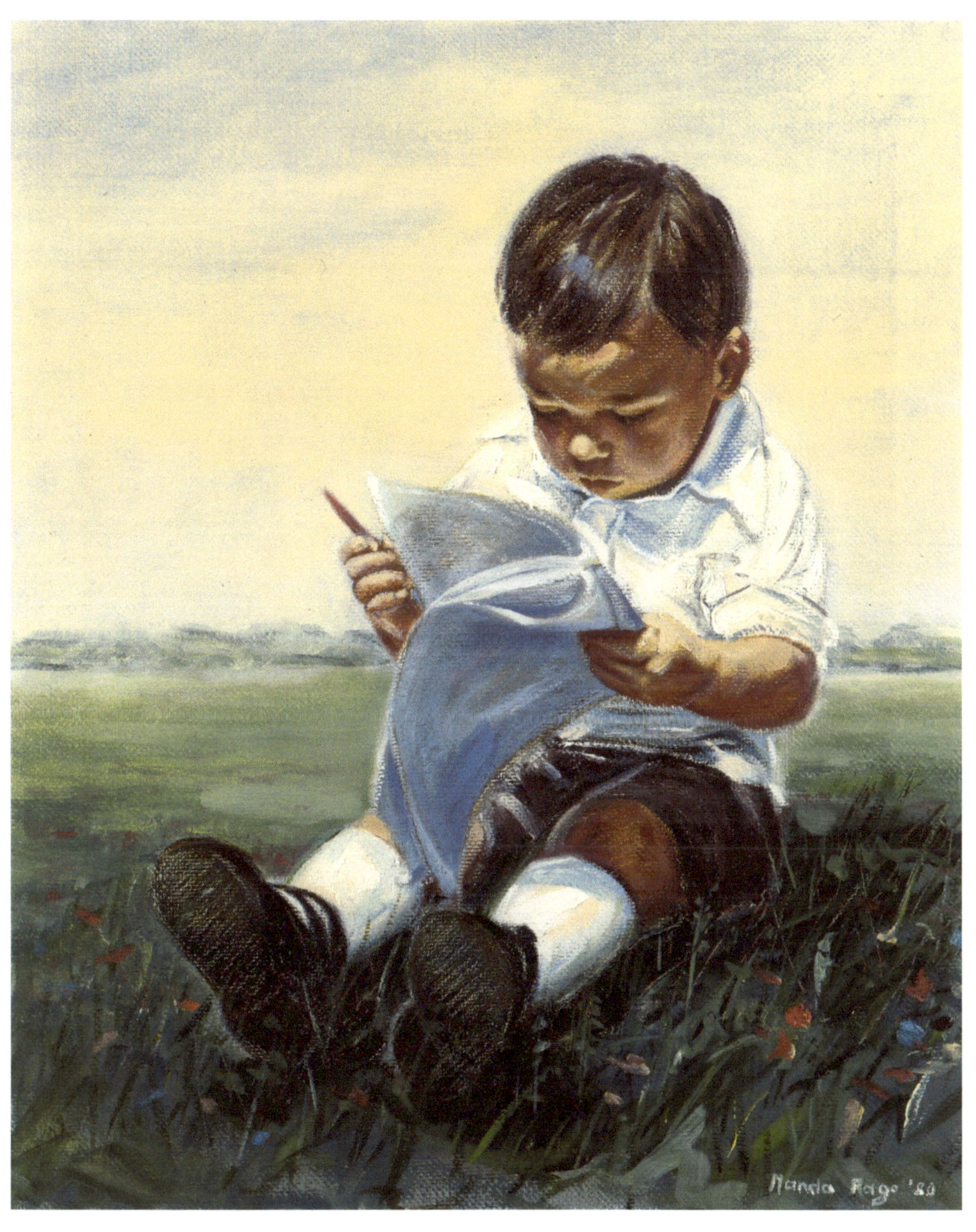

Ritratto di Alessandro, 1980, olio su tela, cm 50x60 - collezione privata- private collection

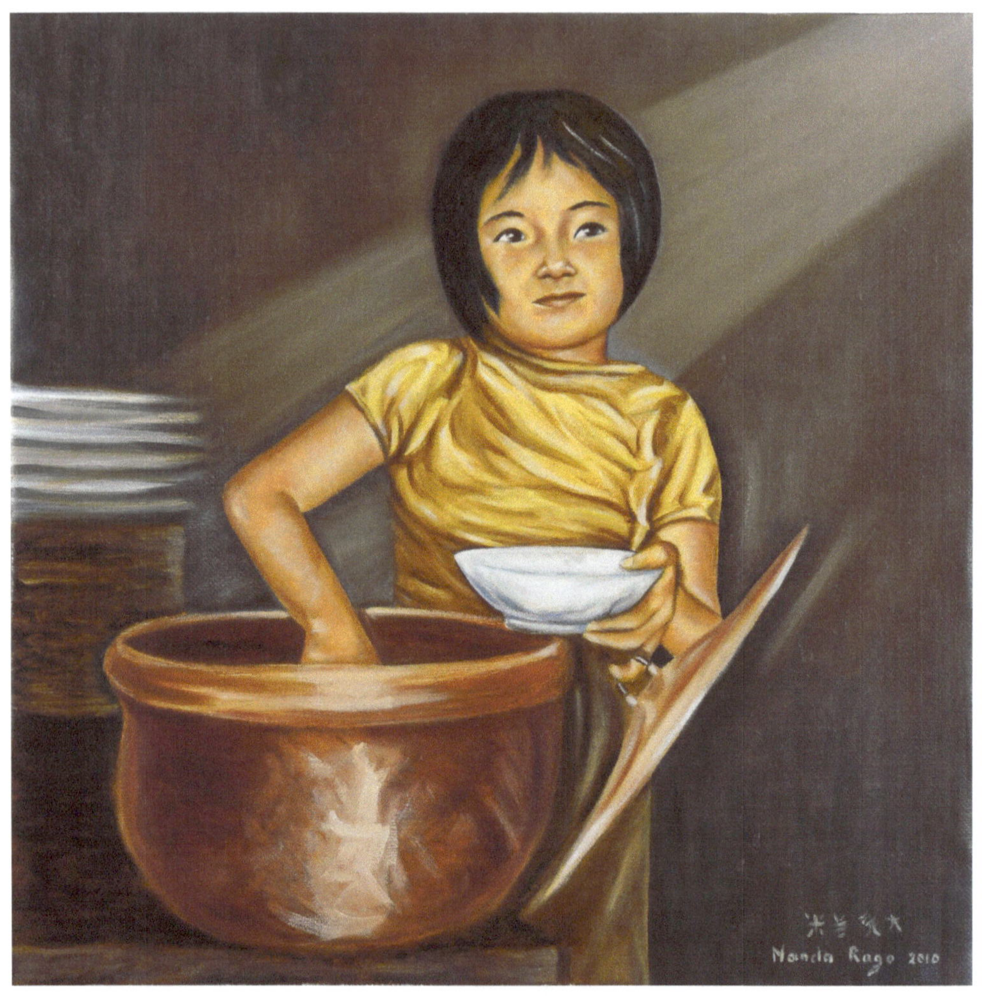

Piccola cuoca, 2010, olio su tela, cm 60x60 - collezione privata - private collection
opera che ha partecipato al Concorso Artistico Qualitaly CCUP-Expo2015 con l'opera "Amore di mamma"che è stata tra i vincitori ed ha partecipato a Mostre in Cina per tutto il 2016
this work took part to the Artistic Competion Qualitaly CCUP-Expo2015 with the work "Amore di mamma" which was among the winners. It was exhibited in China throughout 2016

Abilità comunicativa che supera i confini visivi e da vita a creazioni armoniose portatrici di messaggi universali. Un'arte che rivela la creatività dell'artista e le pulsioni intime del suo animo.

Paolo Levi

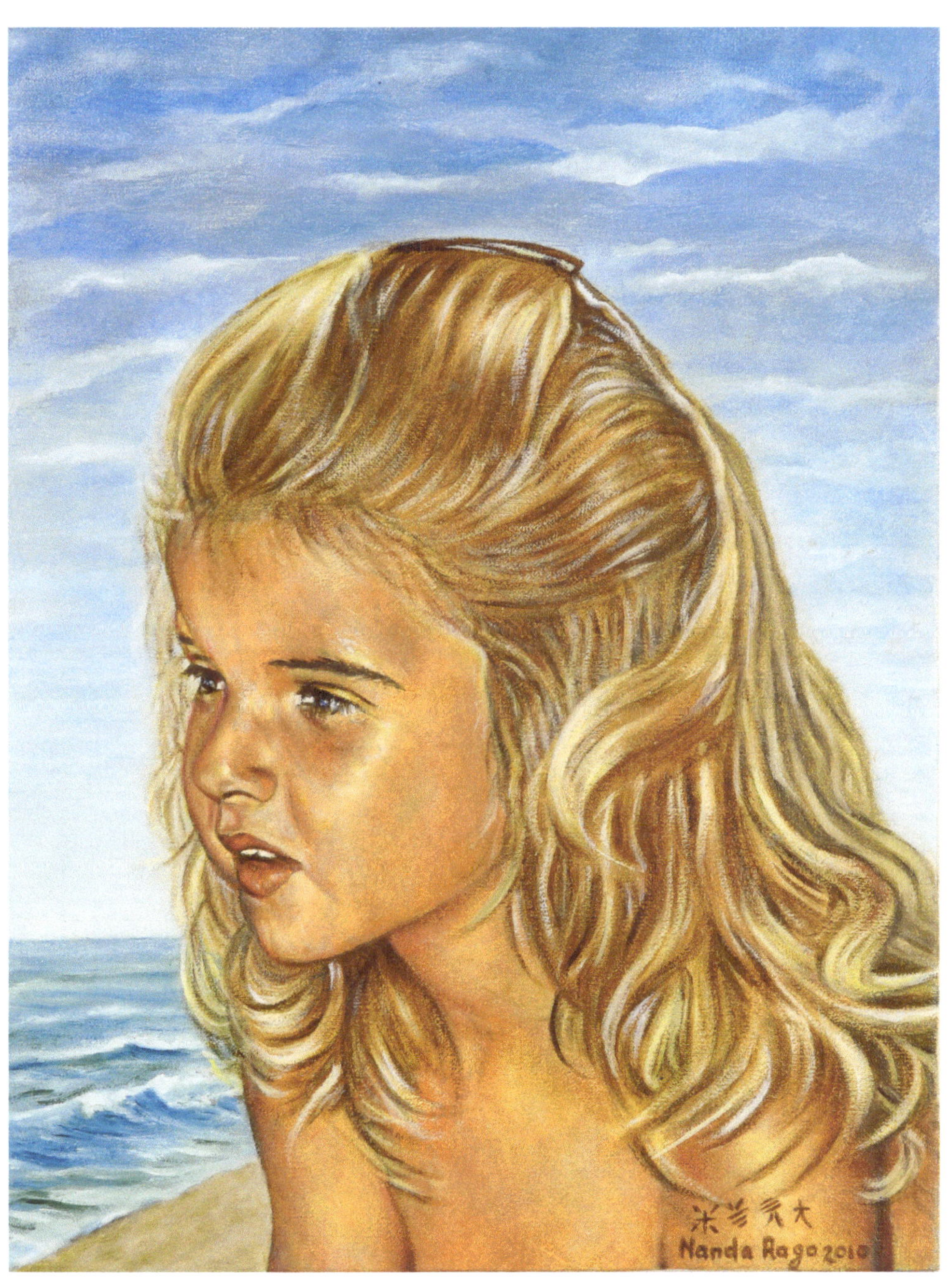

Bimba al mare, 2010, olio su tela, cm 30x40 - collezione privata - private collection

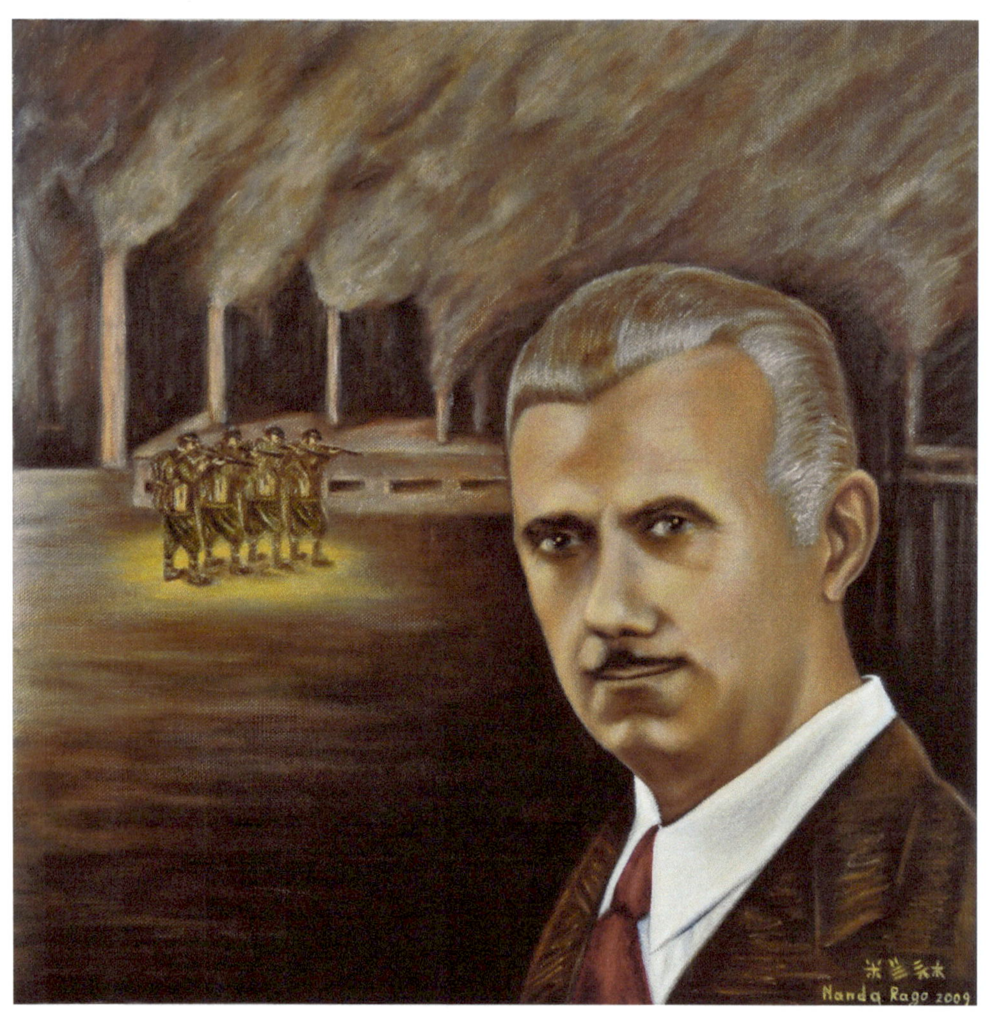

Bruno Buozzi, 2009, olio su tela, cm 70x70 - collezione privata - private collection
presso "Fondazione Bruno Buozzi" - Roma
at the "Bruno Buozzi Foundation" - Roma

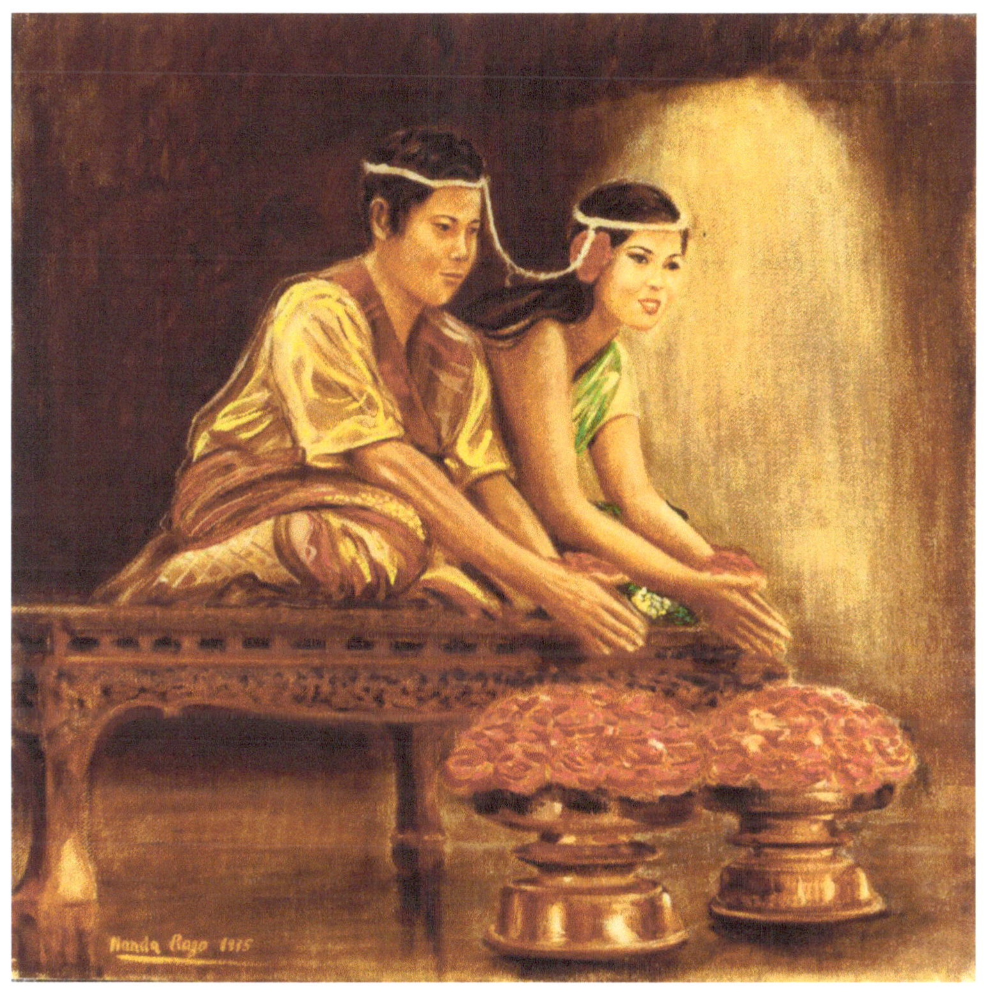

Matrimonio thailandese, olio su tela, cm 70x70 - collezione privata- private collection

Siamo di fronte ad una pittura dai motivi esotici ed estrosi,ricca di suggerimenti e di preziose scene di vita, presentate con uno stile pulito e un bel disegno...

"Tutte le opere di questa sensibile pittrice, si reggono sull'abilità tecnica corretta osservanza delle regole prospettiche e tonali-acquisita con una lunga carriera professionale."

Paolo Levi (nuova Arte 2006 - nuova Arte 2007)

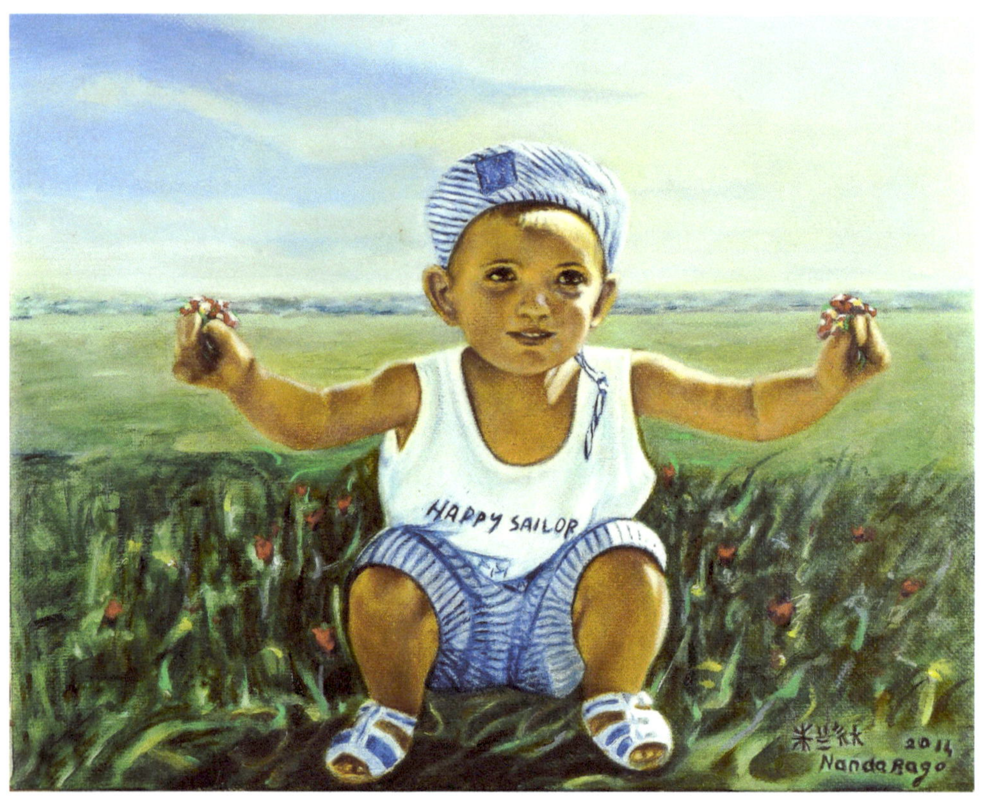

Gioa di vivere, 2014, olio su tela, cm 40x30 - collezione privata - private collection

L'opera è stata realizzata su richiesta degli alunni della Scuola del sorriso di Brembio e del Sindaco, custodito nel Settecentesco Palazzo Andreani di Brembio (LO).
The work was realized on demand of the pupils of "Scuola del sorriso" in Brembo town and of the mayor. It's now in "Palazzo Andreani" (18th century) in Brembio near Lodi.

... Con questo bagaglio, Rago si allontana dal condizionamento della forma mentis accademica grazie ad un "vaccino", un reagente psichico che, per fortuna, l'accompagna e che la porta a considerare l'immagine vista, non come momento ideale di bellezza, ma come perimetro contestuale di tutti i valori storici e geografici. E soprattutto umani.

Donat Conenna

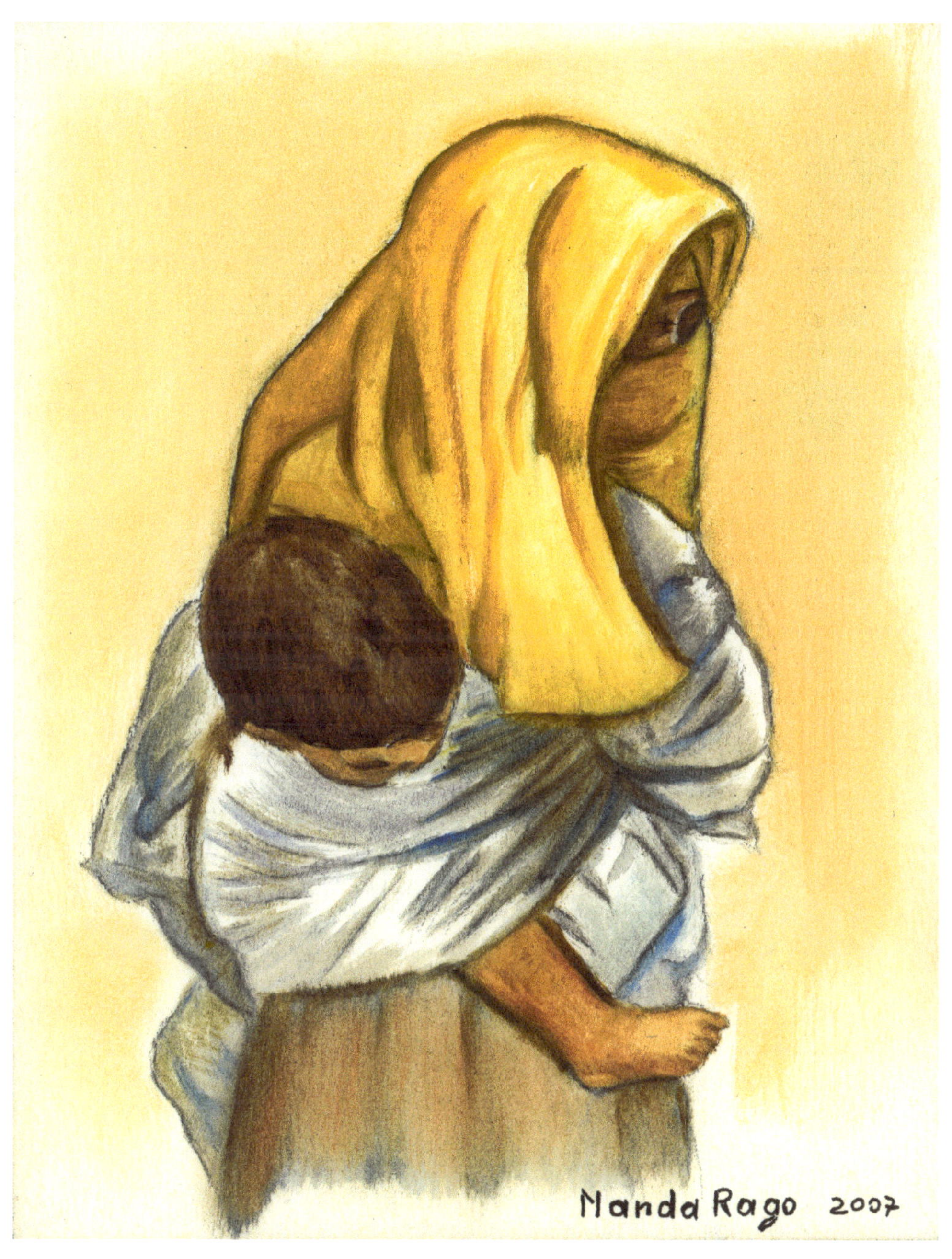

Madre, 2007, acrilico su cartoncino, cm 50x70 - collezione privata - private collection

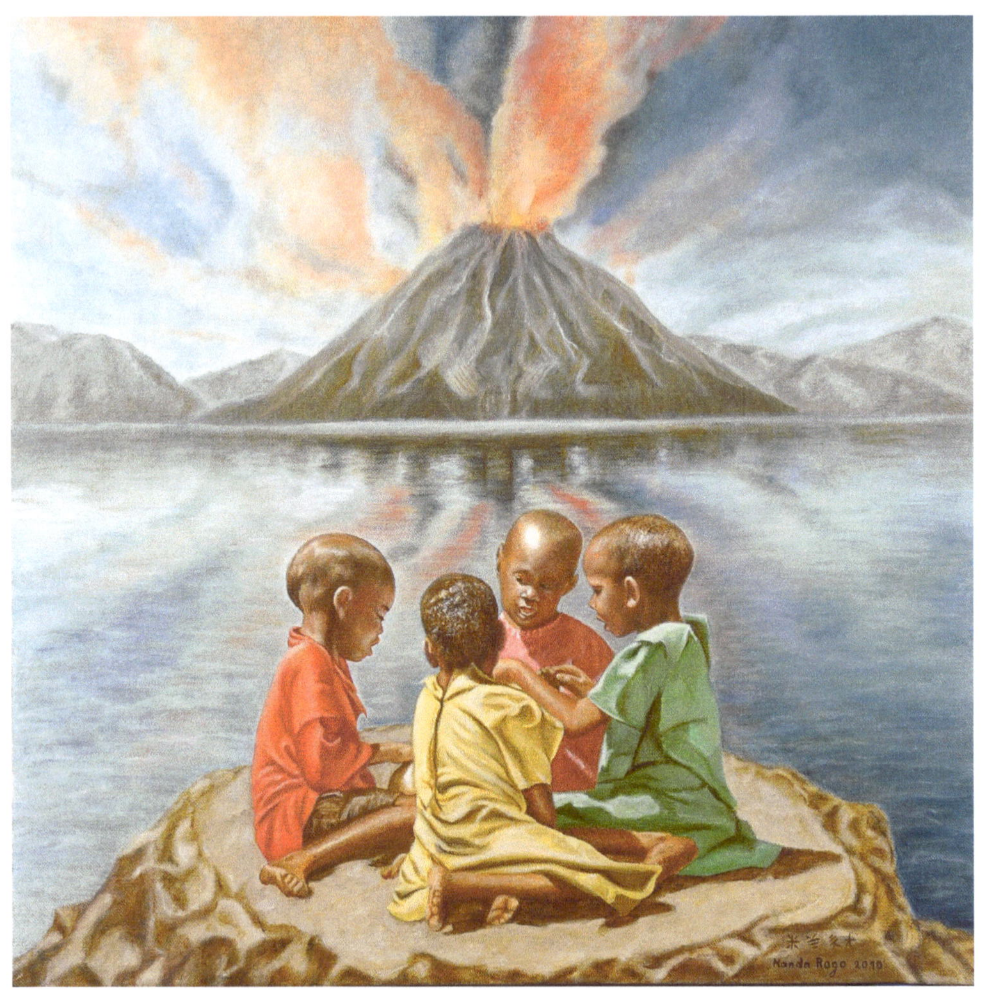

Nuove vite serene, olio su tela cm 90x90, si trova nel Museo per Artisti di Arte Contemporanea del Terzo Millennio, a Policastro Bussentino (SA).

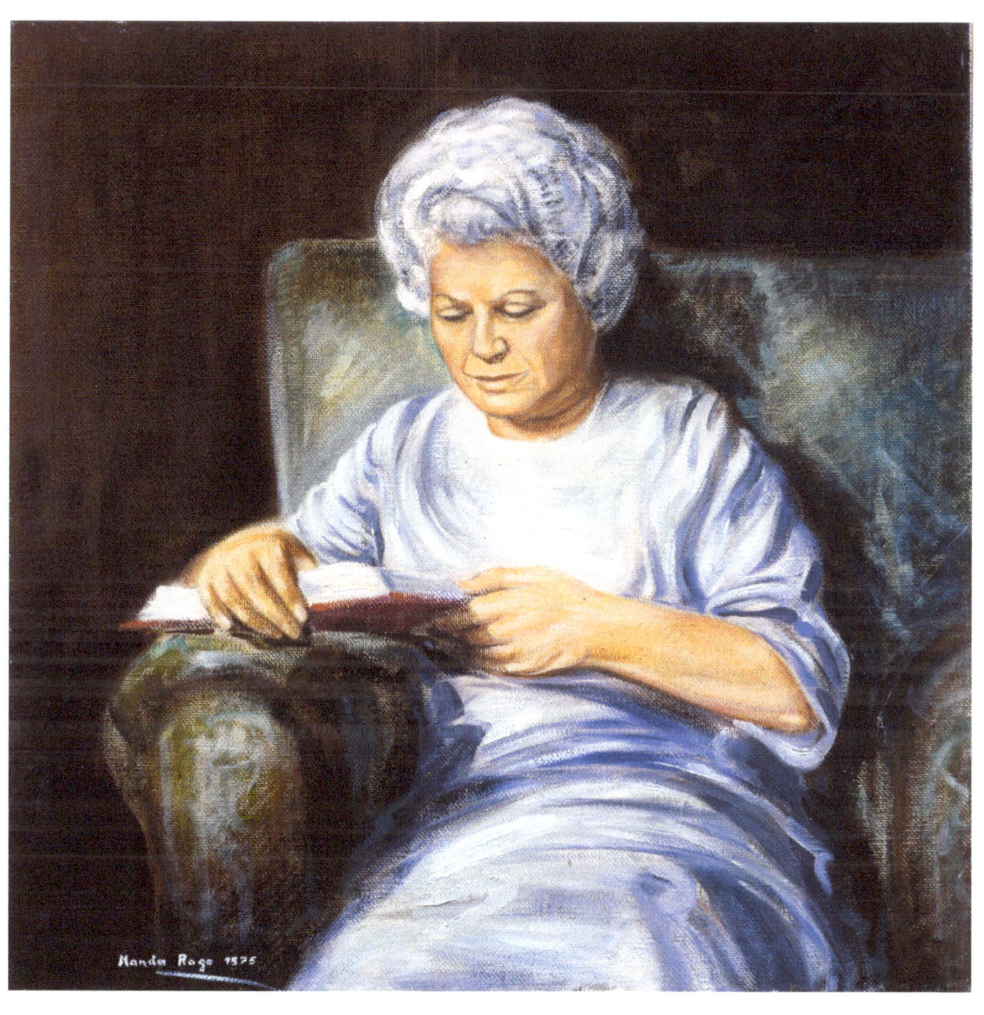

Mia madre, 1975, olio su tela, cm 70x70 - collezione dell'Autore - Author's collection

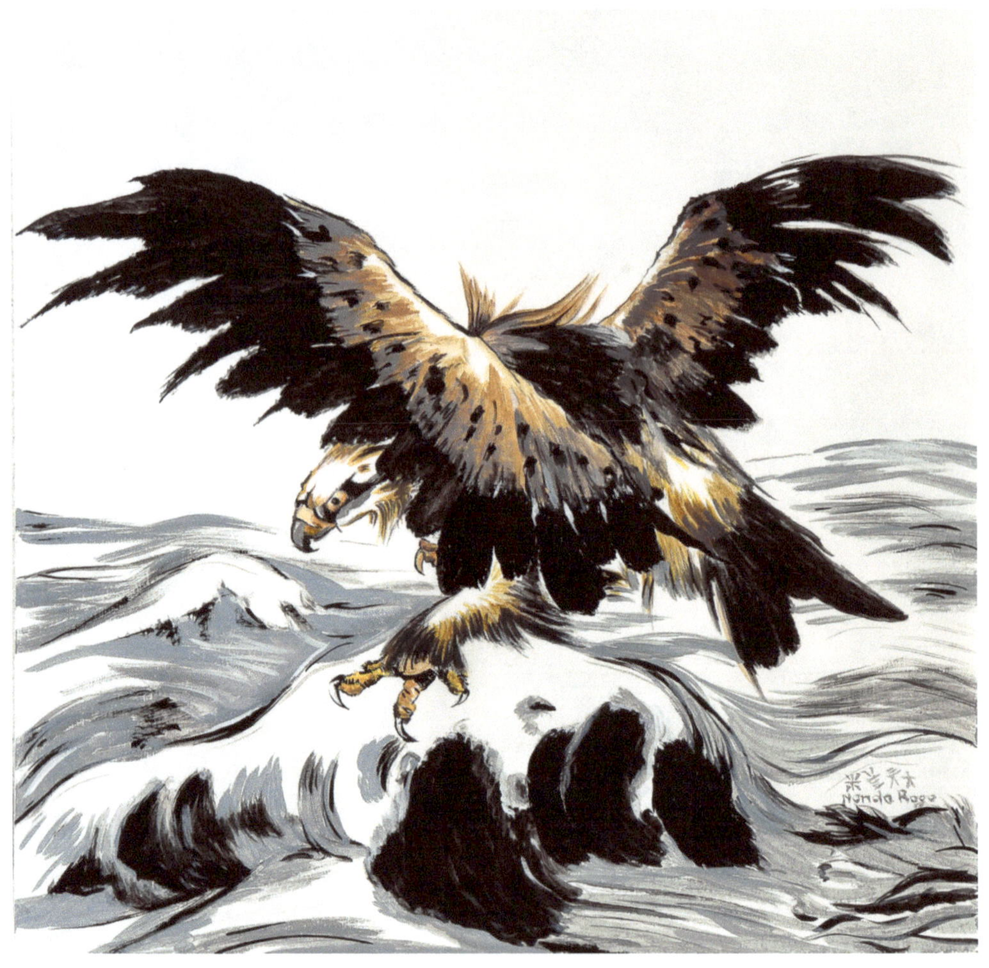

Aquila, mattonella acrilico su tavola cm 39,5x39,5 - collezione privata - private collection
Presente nella Libreria Bocca Galleria Vittorio Emanuele -Piazza Duomo - Milano.
Work in Bocca bookshop in Galleria Vittorio Emanuele -Piazza Duomo - Milan.

L'artista è animalista appassionata e di qualità, disegnatrice e coloritrice abile dei suoi
cani, gatti, cavalli...

Mario Portalupi

...dipinge con amore e lavora con i colori come il poeta con le parole...

Antonio Oberti

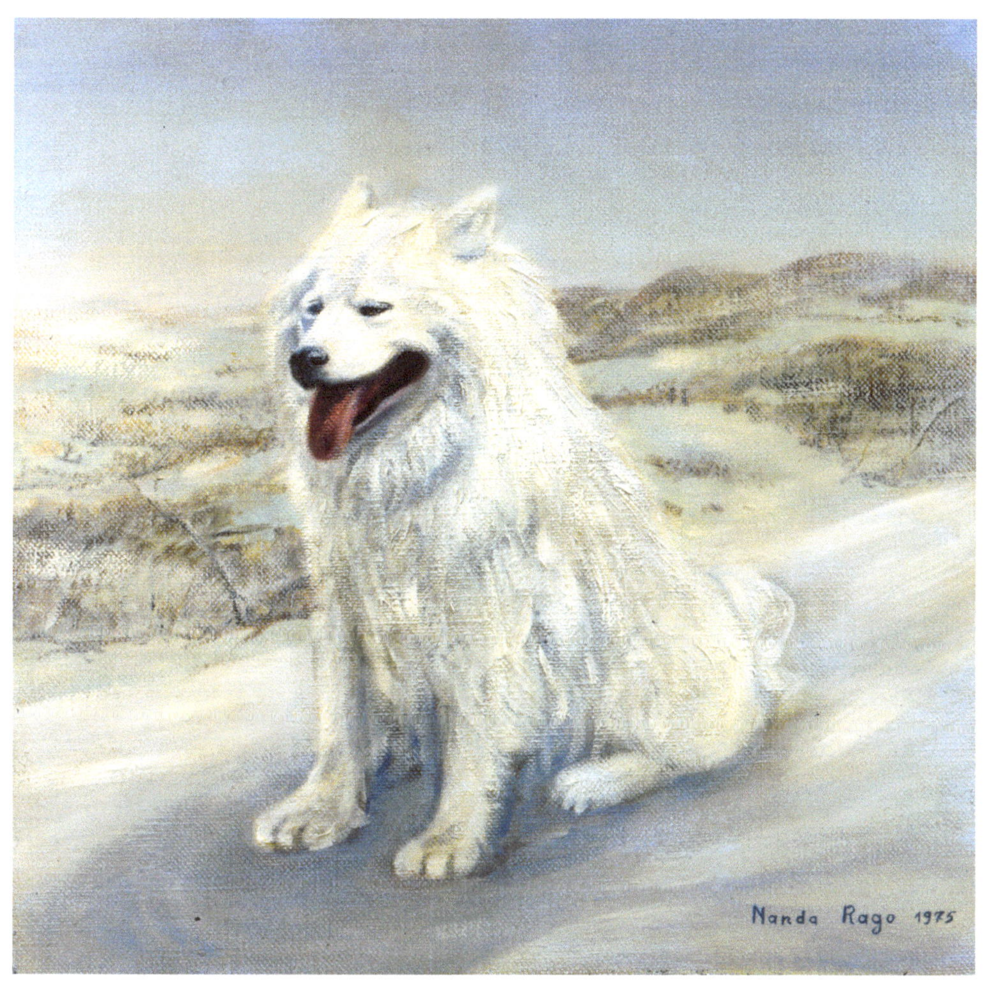

Cane bianco tra la neve, 1975, olio su tela, cm 60x60 - collezione privata - private collection

...una pittura felicemente espressa e intessuta sulle memorie di impressioni intensamente e intimamente vissute. Una pittura che eprime padronanza di mestiere,varietà di temi,suggestività strutturale e cromatica...

Rolando Sensini

...forse sono i tipi che l'Artista ha saputo cogliere durante i suoi viaggi in Oriente, cosi' vivi di colore e cosi' carichi di connotati fisici e spirituali,che scoprono meglio il piccolo ograndе romanzo della loro esistenza...

Dino Villani

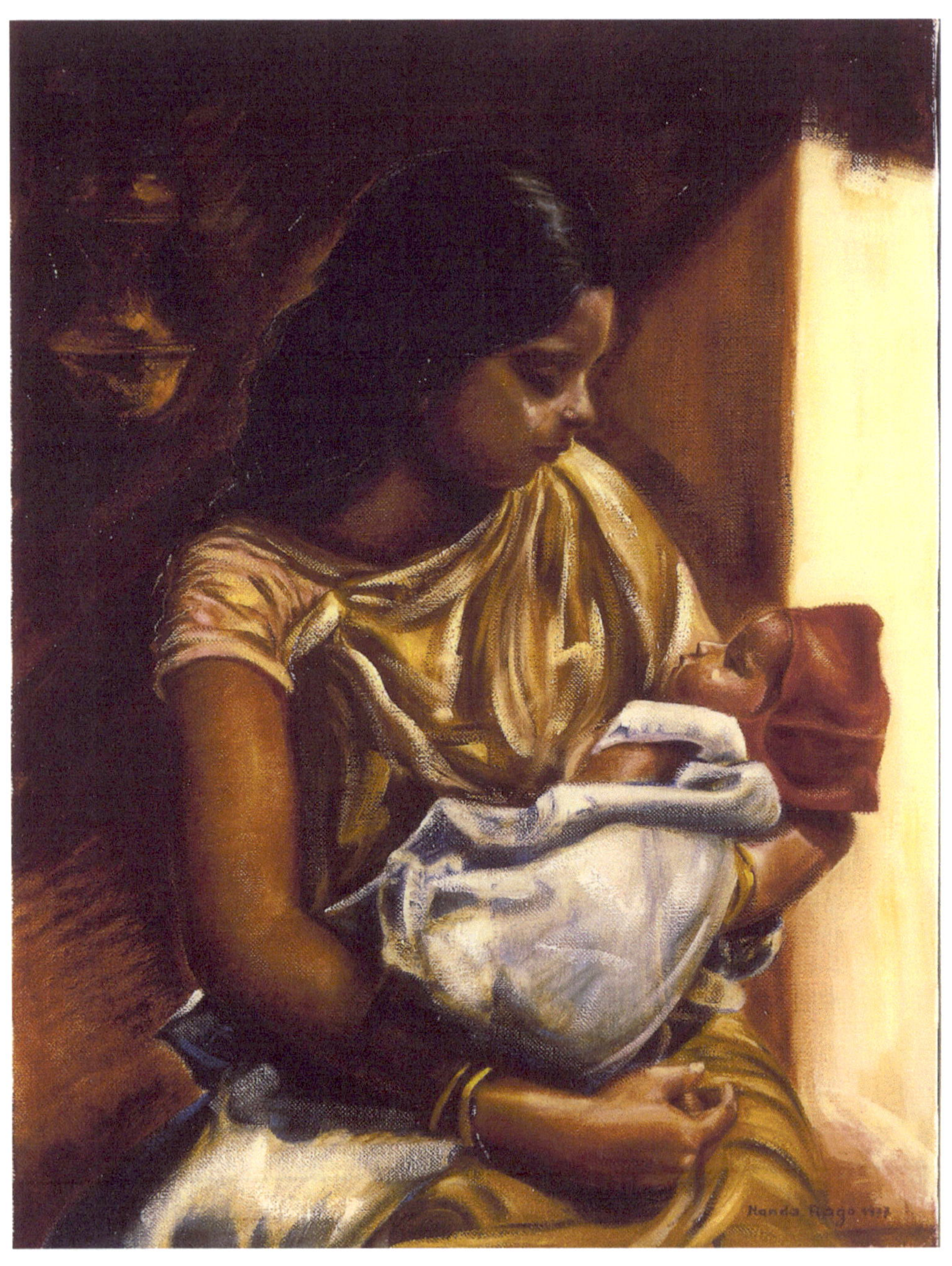

Maternità indiana, 1977, olio su tela, cm 60x80 - collezione privata - private collection

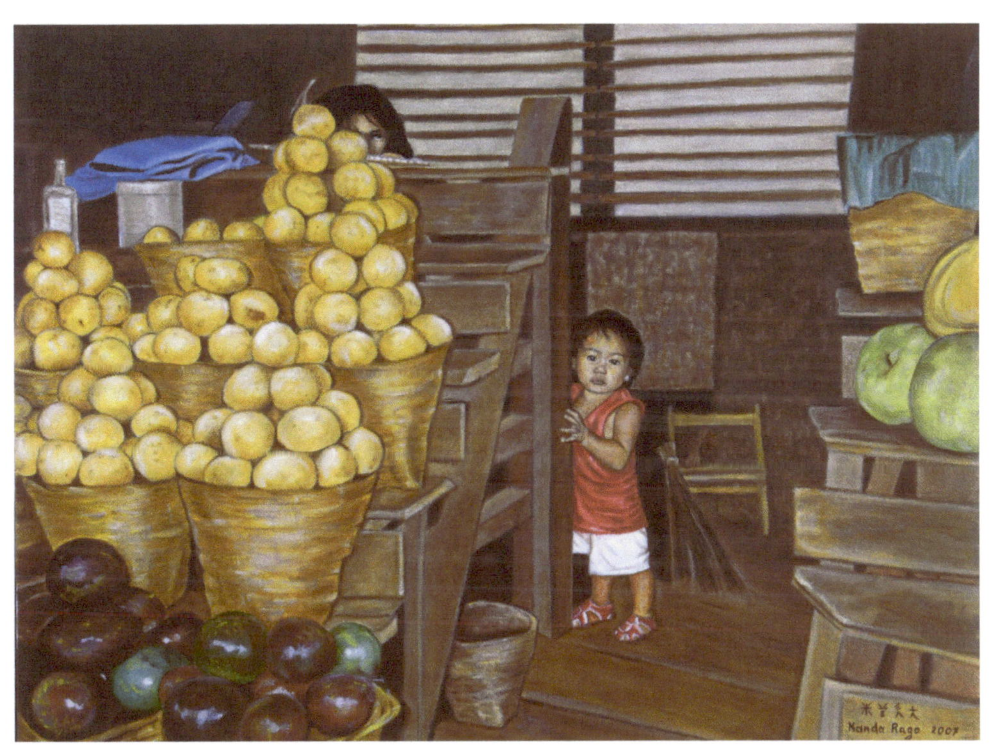

Sguardo di mamma, olio su tela, cm 80x60 - disponibile - avaliable

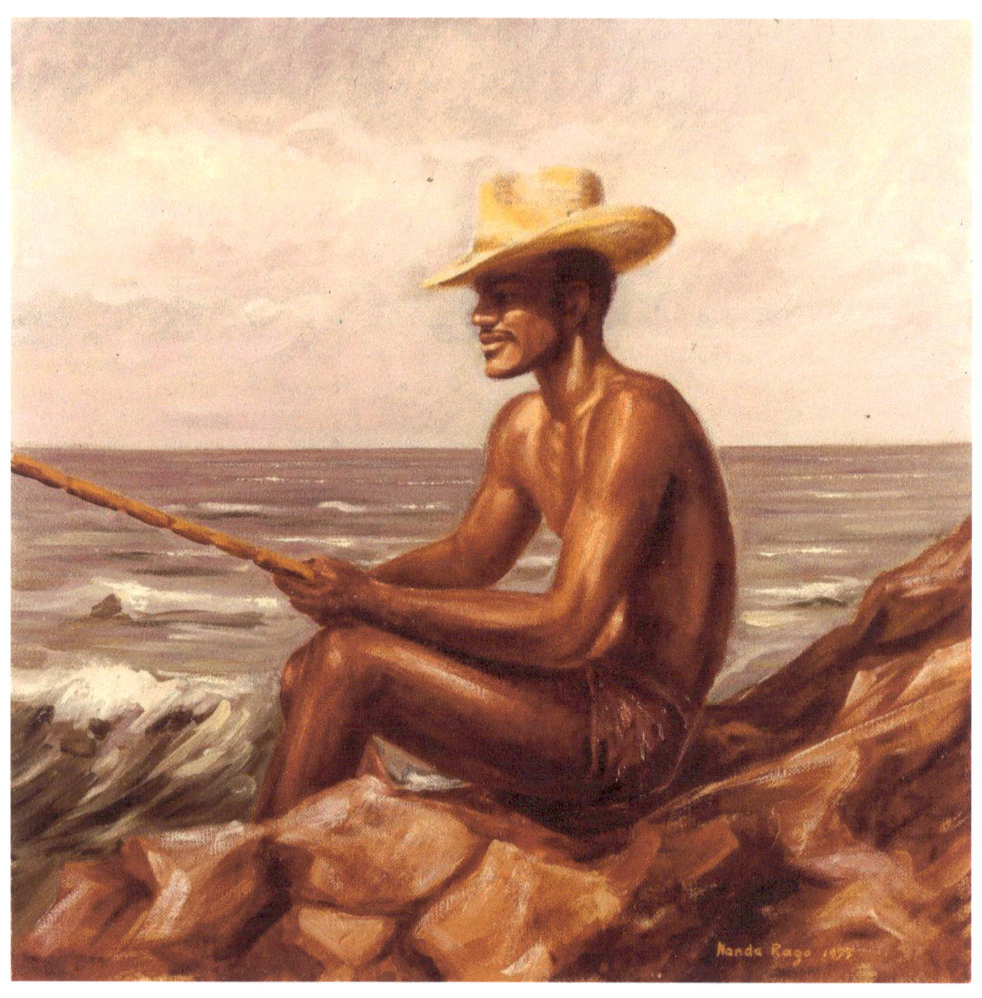

Pescatore dei Caraibi, 1975, olio su tela, cm 80x60
collezione privata - private collection

"Una tavolozza intensa scompone le frasi della sua poetica,con la straordinaria capacità di avvolgere l'Opera con la colorazione omogenea,riassumendo il fulcro della sua creatività.

Mariarosaria Belgiovine

Nanda Rago è nata a Milano, dove vive. Laureata in Scienze Biologiche, ha frequentato Corsi di Pittura presso l'Accademia di BB. AA. di Brera, ed è stata allieva del Maestro Nino Polenghi. Di lei hanno scritto numerosi critici, tra cui: Alessandro Costanza, Donat Conenna, Giorgio Falossi, B. Gauthron, Paolo Levi, Giuseppe Martucci, Mario Monteverdi, Mario Portalupi, Conte Daniele Radini Tedeschi, Rolando Sensini, Sandro Serradifalco, Vittorio Sgarbi, (progetto Porto Franco), Pasquale Solano, Giorgio Tarantino, Andrè Verdet, Dino Villani ed altri. Le sue opere sono state pubblicate su vari Cataloghi e Libri d'Arte tra cui: Bolaffi, Comanducci, Donne di Quadri (Storia della Pittura Italiana vista attraverso l'Opera delle Pittrici) di Mario Monteverdi, Enciclopedia "Arte Italiana per il mondo" Vol.6°, Nuova Arte Mondadori 2006, 2007, Grandi Maestri, Il Quadrato, Catalogo dell'Arte Moderna Mondadori n° 47, Manent "Libro d'oro dell'Arte Contemporanea ed. La Rosa dei venti. Ha allestito molte mostre personali e partecipato a molte mostre collettive, e concorsi, spesso vincendo. È iscritta all'A.M.A Albo Mondiale degli Artisti con numero Archivio: R-IT3. Ha interrotto la sua attività per 20 anni, per motivi familiari, ed ha ripreso a dipingere nel 2005. Nel 2006 ha dipinto la stanza dei cavalli dal titolo "Sogno di libertà" nell' Alexander Museum - Palace Hotel di Pesaro, (dove si trova pure nella Sala delle Esposizioni, il suo dipinto "Galoppo") inaugurato il 28/6/2008 (www.alexandermuseum.it). Dal 14 al 22/9/2012 ha esposto nel Museo di Chianciano Terme e dal 22 al 25/11/2012 ha esposto a Lugano Salone Svizzero dell'Artigianato di pregio "Swiss in Art". Dal 5 al 14/4/2014 mostra collettiva Palazzo Pontificio Maffei Marescotti. Ha partecipato nel 2014 al Concorso Biennale Internazionale su Facebook curato da Giorgio Grasso: 18.000 partecipanti, 15 Categorie, risultando prima in Classifica nella Categoria "Figurativo – Verismo".

Nanda Rago was born in Milan, where she lives. She graduated in Biological Sciences, she attended Painting Courses at the Fine Arts Academy of Brera, and she was a student of Master Nino Polenghi. A lot of art critics have written about her: Alessandro Costanza, Donat Conenna, Giorgio Falossi, B. Gauthron, Paolo Levi, Giuseppe Martucci, Mario Monteverdi, Mario Portalupi, Conte Daniele Radini Tedeschi, Rolando Sensini, Sandro Serradifalco, Vittorio Sgarbi, (progetto Porto Franco), Pasquale Solano, Giorgio Tarantino, Andrè Verdet, Dino Villani and others. Her works have been published in various catalogs and art books including: Bolaffi, Comanducci, Donne di Quadri (History of Italian Painting seen through the works by paintress) by Mario Monteverdi, Encyclopedia "Italian Art for the World" Vol .6 °, New Art Mondadori 2006, 2007, Grandi Maestri, Il Quadrato, Catalog of Modern Art Mondadori n ° 47, Manent "Golden Book of Contemporary Art publisher "La Rosa dei venti". She has set up many personal exhibitions and participated in many collective exhibitions, and contests, often winning them. She is enrolled at the World Archives of Artists with archive number: R-IT3. She stopped her activity for 20 years, for family reasons, and she resumed painting in 2005. In 2006 she painted the horses room entitled "Dream of Freedom" at Alexander Museum - Palace Hotel in Pesaro (where there is also in the Exhibition Room, her painting "Galoppo") inaugurated on june 28th 2008. (www.alexandermuseum.it). From September 14th to 22nd 2012 she exhibited at the Chianciano Terme Museum and from November 22nd to 25th 2012 she exhibited in Lugano (Switzerland) Swiss Hall of finecrafts "Swiss in Art".
From April 5th to 14th 2014 collective exhibition ate Pontifical Palace Maffei Marescotti. She participated in 2014 at the International Biennial Competition on Fb curated by Giorgio Grasso: 18,000 participants, 15 categories, ranked first in the "Figurative - Verism" category.

A dir poco notevole è la produzione pittorica dell'Artista Nanda Rago, la quale spazia nel genere figurativo realizzando molteplici facce di uno stesso prisma: quello della realtà. Infatti l'intera sua produzione, che si presenta ricca ed articolata, è fondata su di un presupposto antico: indagare il vero attraverso lo strumento della luce.

Non a caso in alcune sue pitture si possono scorgere allusioni alla "Scuola Romana", in particolar modo a Bartoli, Bertoletti e Pasquarosa. Il colore infatti è filtrato attraverso la luce e si compone di sfumature delicate e placide. I soggetti inoltre contribuiscono a mantenere uniforme il messaggio grafico che corrisponde certamente alla sua pacatezza interiore ed al suo spirito elevato. Nel dipinto "Mia Madre" si può notare infatti una concentrazione psicologica volta a manifestare il ricordo e la nostalgia. L'anziana signora con i capelli bianchi trasmette sentimenti sereni e gai, una tranquillità d'animo ottenuta con la quiete cromatica. Una similare situazione la si trova ribaltata seppur equivalente nel dipinto "Sguardo di mamma" in cui un piccolo bambino trasmette un'infinita dolcezza.

Molto interessanti si rivelano quei quadri raffiguranti i "cani": sin dal Seicento ed in particolar modo con Guercino, era capitato di trovare ritratti di cani intesi dal pittore così come lo erano gli aristocratici, i cardinali e le nobildonne. Consisteva in una strana forma di pittura cortese nella quale si voleva celebrare uno status grazie al quadrupede.

Nei quadri di Nanda Rago i "cani" sono descritti in modo minuzioso ma allo stesso tempo pieni di tenerezza. Non vi sono spinte araldiche o mondane, bensì esiste la ricerca di un naturalismo in cui il cane diventa soggetto in se, entità reale che vive, esiste e merita di essere immortalata. A tal punto è opportuno ricordare quanto sia utile per l'artista, il diretto contatto con il vero, indagato durante i suoi viaggi in oriente, in questi soggiorni la pittrice conosce gli usi ed i costumi di civiltà diverse e trascrive sulla tela tutto ciò che la emoziona, incuriosisce e appassiona. Il risultato è una pittura onesta e piena di toccante sentimento. L'arte di Nanda Rago si colloca quindi nel panorama pittorico italiano all'interno di un progetto più ampio di rinnovellamento della tradizione.

L'artista attraverso un linguaggio piano e figurativo, conferma col suo estro e col suo vivace talento espressivo, una padronanza del mezzo ed una fertilità inventiva molto preziosa. Ogni sua figura è un personaggio, con un'anima, un'interiorità, un cuore palpitante ed un vitalismo umanissimo. È giusto collocarla tra i grandi figurativi del nostro tempo.

Conte Daniele Radini Tedeschi
Da Manent-Libro d'oro dell'Arte Contemporanea
Ediz.ne La Rosa Dei Venti 2011-pag. 106